NEHEMÍAS
Dinámicas de un LÍDER

Cyrill Barber

Editorial **Vida**

Dedicados a la Excelencia

Publicado en inglés bajo el título:
Nehemiah and the dynamics of effective leadership
por Loizeaux Brothers, Inc.
© 1976 por Loizeaux Brothers, Inc.

Traductor: *Frank Taracido*

Diseño interior: *Grupo Nivel Uno Inc.*

Diseño de cubierta: *Ark Productions*

Reservados todos los derechos

ISBN: 0-8297-3499-6

Categoría: Personajes bíblicos

Impreso en Estados Unidos de América
Printed in the United States of America

13 14 15 16   ❖   12 11

ÍNDICE

DEDICADO

Al doctor Howard G. Hendricks, maestro por excelencia
de la Biblia, quien fuera el primero en enseñarme
cómo estudiar el texto sagrado, y a mis hijos
Allan y Stephen, los cuales en sus
estudios de la Santa Palabra han compartido el
gozo de sus descubrimientos.

Prefacio

En un momento muy temprano de mi carrera fui ascendido a una posición de responsabilidad administrativa para la cual estaba mal preparado. Los estudios requeridos para mi maestría en contabilidad nunca incluyeron los principios básicos de la dirección de personal. Esto desde luego sucedió antes de que «las revisiones del plan de estudios» se convirtieran en el azote de las instituciones educacionales. Fue también antes que Argyris y Drucker, Fiedler y Likert, Montgomery y Stogdill pusieran por escrito todo lo que habían aprendido en sus años de experiencia. Solo después de cambiar de profesión, veinte años más tarde, vine a tomar mi primer curso de administración. En el tiempo que transcurrió entre el comienzo de mi carrera profesional y este cambio posterior, tuve que aprender mucho. Y cometí muchos errores. Afortunadamente encontré en el libro de Nehemías lo que necesitaba, es decir, orientación en cuanto a la forma de manejar los problemas administrativos diarios. De hecho, las «memorias» de Nehemías eran tan atrayentes, que las convertí en materia de estudio especial por lo menos una vez al año.

Con el correr del tiempo conocí a otras personas que se hallaban en situaciones similares. Seminaristas ya convertidos en pastores que necesitaban sugerencias sobre la forma de trabajar con las juntas directivas de sus iglesias. Mecánicos que habían sido promovidos a capataces y tenían ahora que manipular papeles y formularios. Ingenieros que tras «graduarse» en los sitios de construcción se encontraban ascendidos al escritorio de una oficina, donde necesitaban instrucciones sobre relaciones públicas. Empleados que habían pasado a jefes de departamentos y tenían necesidad ahora de consejos sobre la forma de supervisar y tratar el personal. Y misioneros que habían pasado a superintendentes de campo, en ocasiones con resultados desastrosos.

Comencé a compartir los conocimientos de Nehemías con grupos de hombres de negocios y mujeres hace unos quince años. Esos estudios informales fueron ampliados más tarde, para incluir seminarios de ministros y retiros de misioneros en los Estados Unidos y en Canadá, así como conferencias populares de comentario para aquellas personas que se preparaban para el ministerio en Colegios Bíblicos y Seminarios.

Este libro es una consecuencia de esos encuentros. Trata de presentar en una forma muy simple estos principios, que han sido de gran beneficio en mi vida.

Confío que este material alentará a otras personas a indagar por ellas mismas en las Escrituras, ya que no existe sustituto alguno a una exposición personal de la Palabra de Dios.

En la preparación de este manuscrito para publicarlo, quedo obviamente en deuda con aquellos que tan bondadosamente han brindado su tiempo para mecanografiarlo y hacer las correcciones de pruebas necesarias de estas páginas. Su labor sin duda ha sido una labor de amor. De igual modo quedo agradecido al doctor Howard G. Hendricks por sus conferencias sobre análisis bíblico. Lo que aprendí bajo su capacitada dirección, continúa ejerciendo una gran influencia en mi propia vida. Además, quiero expresar mi sincera gratitud a Robert Barneson, de la compañía de ingenieros y contratistas Flour, de Los Ángeles y al doctor Robert D. Culver, de la Primera Iglesia Evangélica Libre de Lincoln, Nebraska, por su gentileza en la lectura del manuscrito y sus provechosas sugerencias.

Cyril J. Barber
Graduada de la Escuela
de Sicología de Rosemead
Rosemead, California

Introducción:
¿Dónde Está?

Nehemías 1:1-4

Mientras le hablaba a un grupo de hombres de negocios sobre el tema del liderazgo, un prominente industrialista señaló que *la historia de la humanidad es el recuento de los logros obtenidos por las masas humanas bajo la dirección de sus líderes.*

A medida que reflexionamos sobre esta observación, encontramos que en nuestras iglesias y en el campo misionero, en la educación y el comercio, en política y en medicina, dependemos enteramente de líderes. Sin embargo, debemos formular y responder ciertas preguntas básicas acerca del liderazgo. Por ejemplo: ¿Cuáles son sus bases? ¿Cómo pueden los líderes desarrollar todas sus potencialidades? ¿Qué medidas deben tomarse para mantener el resultado de sus éxitos? ¿Cómo pueden los líderes hacer recuento de su progreso actual y prepararse para las demandas del futuro?

Existen muchas recetas para tener éxito en el liderazgo. Cada persona parece tener una propia. Esta interminable variedad solo sirve para confundir. Déjeme decirle como tropecé con la solución.

Conocí al Señor Jesucristo como mi Salvador durante mi segundo año en el mundo de los negocios. Este encuentro cambió completamente mi vida. Desde el principio comprendí la necesidad de poner a Cristo antes que nada en mi vida. Además aprendí que si deseaba crecer espiritualmente necesitaba estudiar la Biblia por mí mismo. A medida que empecé a examinar las Escrituras, fui hallando que Dios nos ha comunicado también las cosas que tenemos que saber acerca de nuestra existencia secular, además de lo concerniente a una vida de santidad (1 Pedro 1:3,4). También aprendí que cada libro de la Biblia tiene un propósito específico. Por ejemplo, Dios explica el lugar y la importancia de las relaciones humanas en el libro de los Proverbios.

Nos da un plan detallado para el entendimiento en el matrimonio, en el Cantar de los Cantares. También nos ha mostrado como vivir en medio de la decadencia espiritual en la segunda epístola a Timoteo y nos ha descrito cómo mantenernos en su intimidad en la primera de las epístolas de Juan.

Pero, ¿qué hay en la Biblia para aquellos que han sido colocados en posiciones de liderazgo?

Fue el doctor V. Raymond Edman, quien en su obra *The Disciplines of Life* [Las disciplinas de la vida], dirigió primeramente mi atención al libro de Nehemías. En este libro encontré lo que estaba buscando. Allí estaban los principios específicos que necesitaba. De Nehemías aprendí cómo *planear* mi trabajo, *organizar* mi tiempo y recursos, integrar mis obligaciones en la operación total de la compañía, motivar a otros y *medir* los resultados. Aprendí la importancia que tiene fijar metas realistas y averiguar qué hacer antes de alcanzar mis objetivos.

A medida que estudiaba el libro, pude ver para mi asombro que Dios había previsto los problemas de las personas que están en la administración intermedia. También nos había mostrado cómo enfrentarnos a las oposiciones. Nos explica la diferencia entre un «líder de trabajo» y un «especialista en emociones sociales» y nos alecciona sobre lo que debemos hacer cuando aceptamos un trabajo nuevo. Nos brinda ejemplos sobre cómo debemos conducirnos en situaciones delicadas de prueba. Y lo más importante de todo, nos ha demostrado el inapreciable valor práctico de las convicciones religiosas en una administración eficaz.

Desde la primera oportunidad en que leí *The Disciplines of Life*, en 1948, hasta el presente, he mantenido la firme resolución de estudiar el libro de Nehemías una vez cada año. Esto lo hago con el propósito de refrescar en mi mente la importante información contenida en esas «memorias». El contacto continuo con la riqueza de material que hay en este libro me ha ayudado a comprobar constantemente la calidad de mi propio trabajo, objetivos y relaciones. He comprobado que esta parte de la Palabra de Dios constituye un asombroso y agudo comentario del pronunciamiento del apóstol Pablo: «Y todo lo que hacéis, sea de palabra o de hecho, hacedlo todo en el nombre del Señor Jesús ... Todo lo que hagáis, hacedlo de corazón, como para el Señor» (Colosenses 3:17-23).

El problema número uno

El primer problema que encontramos al empezar a examinar el libro de Nehemías es de interpretación. Algunas de las primeras exposiciones que leí sobre Nehemías tienden a espiritualizar el texto. Los escritores tuvieron que enfrentarse con el hecho de que el libro de Nehemías está en el Antiguo Testamento, y como tal trata sobre el pueblo de Israel y no sobre la Iglesia. Se sentían en la obligación de hacer que el Antiguo Testamento tuviera sentido para los cristianos. Para lograr esto, buscaron principios espirituales que pudieran ser de aplicación a la Iglesia colectivamente y a los creyentes en forma individual. Su método de interpretación era *alegórico*.

Existen problemas con este tipo de interpretación, como Bertrand Ramm señala: «La Biblia, cuando es tratada alegóricamente se convierte en masilla en la mano de los intérpretes. Pueden brotar diferentes sistemas doctrinales dentro del esquema de la hermenéutica alegórica (esto es, la interpretación) y no hay forma de determinar cuáles son los verdaderos … El método alegórico ensalza lo subjetivo y el resultado lastimoso de ello es el oscurecimiento de la Palabra de Dios».

Nuestro enfoque no va a ser dedicarnos continuamente a espiritualizar lo que Nehemías escribió. Seguiremos una interpretación normal, constante y literal del texto. Después de todo, Nehemías fue una personal real. Se enfrentó con problemas reales y construyó una muralla verdadera. Incluiremos en nuestra interpretación la información que sea necesaria sobre el marco histórico, la situación geográfica y el fondo cultural del pueblo. Siguiendo la costumbre de selección social básica de Nehemías en cuanto a todo lo que consideró apto de ser contado, estaremos en disposición de interpretar con exactitud lo que leemos. Entonces en lugar de buscar significados espirituales secundarios, seremos capaces de buscar principios. Encontraremos que esos *principios* no envejecen. Con ellos como guía, estaremos más capacitados para aprender la dinámica de un liderazgo exitoso, ya sea en la esfera de nuestro servicio en el pastorado, en el campo misionero, en una corporación o en el gobierno.

Conozca al cortesano

Pero, ¿qué decir acerca de Nehemías? ¿Quién era? ¿Cuándo y dónde vivió? ¿Qué hizo?

Nehemías era probablemente de la tribu de Judá (véase Nehemías 1:2; 2:3; 7:2), y hasta es posible que fuera descendiente del rey David (véanse Nehemías 1:4 y Crónicas 3:19). Se nos presenta como «hijo de Hacalías». Nada se sabe de su padre y tenemos que llegar a la conclusión de que fue tomado en cautividad cuando Jerusalén cayó en manos de los babilonios. Probablemente Nehemías naciera durante ese cautiverio y creciera hasta su hombría, rodeado de todas las influencias corruptoras del Cercano Oriente antiguo.

En el momento en que conocemos a Nehemías, está sirviendo de copero (Nehemías 1:11) en Susa, en el palacio que era residencia de invierno del rey. Como copero, disfruta de una posición única. Está en posesión de los cargos de primer ministro y maestro de ceremonias, unidos. El temor a las intrigas y la constante amenaza de morir asesinado hacían que el rey llevara una vida relativamente solitaria. Por ello, era muy natural que buscara una persona de sabiduría, discreción y capacidad. Un copero que tuviera en el corazón los intereses del monarca y se mantuviera informado de los acontecimientos de su tiempo, podía ejercer una gran influencia en el soberano. Además de la responsabilidad de probar el vino del rey, tenía también el copero la responsabilidad de custodiar los dormitorios reales.

Cuando Nehemías comienza su relato, nos cuenta la visita que le hizo su hermano Hanani: «Aconteció que en el mes de Quisleu (noviembre/diciembre), en el año veinte (de Artajerjes I, 445 a.C.), estando yo en Susa, capital de reino, que vino Hanani, uno de mis hermanos, con algunos varones de Judá, y les pregunté por los judíos que habían escapado, que habían quedado de la cautividad, y por Jerusalén. y me dijeron: el remanente, los que quedaron de la cautividad, allí en la provincia, están en gran mal y afrenta, y el muro de Jerusalén derribado, y sus puertas quemadas a fuego».

La información que recibe es descorazonadora. Todos los intentos para reconstruir los muros han sido frustrados (Esdras 4:4-24). Una ciudad sin puertas ni muralla, no era una verdadera ciudad. Era un lugar indefenso, que ni siquiera podía aspirar a brindarles protección a aquellos que vivieran dentro de su perímetro. Por esto; muy pocos vivían en la capital (Nehemías 11:1).

Pero, ¿por qué estaban los judíos en tan deplorable situación? ¿Qué les había sucedido desde que David estableció el reino y Salomón inauguró la «edad de oro»?

Un poco de historia

El libro de Nehemías ocupa un lugar importante. El pueblo hebreo había sido una fuerza poderosa, pero el reino de David se dividió en dos. Las diez tribus del norte se unieron en un reino y las dos tribus del sur formaron otro. De ahí en adelante, la fortuna de dichos reinos fue confusa. La idolatría prevaleció. Finalmente (en 722 a.C.), Dios castigó a las tribus del norte permitiendo que los asirios las invadieran. Los miembros de esas tribus fueron tomados cautivos, deportados y enviados a otras naciones.

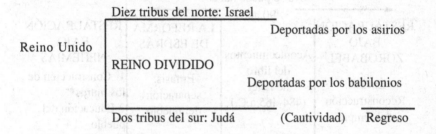

Reino Unido

Diez tribus del norte: Israel — Deportadas por los asirios

REINO DIVIDIDO — Deportadas por los babilonios

Dos tribus del sur: Judá   (Cautividad)   Regreso

Solo Judá sobrevivió. Las tribus del sur, sin embargo, no aprendieron de la experiencia de Israel. Como resultado, también fueron tomadas cautivas y deportadas,[1] en esta oportunidad por los babilonios (Jeremías 25:11,12; Daniel 9:2). Durante los setenta años que los judíos permanecieron en cautividad, el poderío de Babilonia fue destruido por las fuerzas combinadas de los medos y los persas. Bajo el nuevo gobierno, el rey Ciro (550-530 a.C.) les dio permiso para retornar a Palestina y reedificar el Templo (Esdras 1:1-3). Los primeros exiliados regresaron acaudillados por Zorobabel (538 a.C.; Esdras 1—6). Los cimientos del templo fueron colocados, pero los samaritanos del norte se opusieron a dicha labor, por lo cual transcurrieron más de quince años antes de que el Templo fuera terminado.

Más tarde otro grupo de judíos regresó a Jerusalén. Iban dirigidos por Esdras (458 a.C.; Esdras 7—10). A su llegada a Palestina, Esdras encontró al pueblo judío en condiciones deplorables, tanto espiritual como moralmente. Por esta razón, comenzó un amplio ministerio de enseñanza (Esdras 7—10). Como veremos, la enseñanza de la Ley daría fruto catorce años más tarde (Nehemías 8—10). Finalmente, durante el reinado de Artajerjes I Longimano (465-424 a.C.), Nehemías regresó a Judá. Sin una muralla para protegerlos, los residentes se veían constantemente hostilizados. La moral del pueblo se mantenía muy baja. El rico explotaba al pobre y los mismos pecados que habían conducido a la cautividad eran practicados de nuevo. La crisis económica y la ignorancia espiritual acentuaban aún más la desunión del pueblo.

PANORAMA DE ESDRAS Y NEHEMÍAS

«No se puede hacer»

←——— 90 años ———→

RESTAURACIÓN BAJO ZOROBABEL Énfasis: Reconstrucción del templo	Acontecimientos del libro de Ester (484-465 a.C.)	LA REFORMA DE ESDRAS Énfasis: separación del pueblo	RESTAURACIÓN BAJO NEHEMÍAS 1- Construcción de los muros* 2-Educación del pueblo 3- Consolidación del trabajo
Esdras 1-6	Ester	Esdras 7-10	Nehemías 1-13
<u>536</u>	<u>516</u>	<u>458</u>	<u>444</u> <u>425</u>

(*Trabajo terminado en 52 días)

La forma en que Nehemías unió al pueblo y lo inspiró para el logro de una tarea aparentemente imposible, es muy esclarecedora. La estrategia por él usada está en completa concordancia con las más recientes investigaciones referentes a la motivación y ha sido utilizada con éxito formidable por los hombres de negocios y los líderes de las iglesias a través de los años.

Sinopsis

Comprenderemos mucho mejor el plan general de las «memorias» de Nehemías, si dominamos un triple esquema básico de las mismas y hacemos un examen previo del contenido de dicho libro.

Sigamos con Nehemías. ¿Cuál fue su respuesta al informe traído por Hanani? ¿Qué le guió a su viaje a Jerusalén? ¿Cómo pudo él llevar a cabo lo que nadie había podido lograr?

Tan pronto como Nehemías conoció el triste estado de Judá, empezó a interceder en favor de sus hermanos (Nehemías 1:4-11). Demostró con sus acciones que tenía una profunda preocupación por ellos. Cuatro meses de intensa oración trajeron finalmente la respuesta deseada, pero en una forma que lo situaba en una posición muy espinosa (2:1-8). Su lealtad y tacto, sin embargo, le ayudaron a resolver esta situación difícil y potencialmente peligrosa, y el rey le concedió permiso para regresar a Judá. Viajó a Jerusalén y a su llegada pudo percatarse muy rápidamente de la realidad de la situación. Entonces exhortó al pueblo, haciéndole ver la necesidad de reedificar los muros de la ciudad (2:9-20).

CONSTRUCCIÓN DE LAS MURALLAS		EDUCACIÓN DEL PUEBLO		CONSOLIDACIÓN DEL TRABAJO	
1	7	8	10	11	13
Principios de liderazgo eficaz		Principios de renovación espiritual		Principios de excelencia administrativa	

El capítulo 3 contiene una relación de aquellos que se ofrecieron voluntariamente para la tarea de reconstrucción. A primera vista parece una lista de nombres fría y poco interesante. Un examen más detallado nos revela que está llena con importantes principios de liderazgo eficaz. Con la lectura de dicha relación podemos sentimos tentados a llegar a la conclusión de que los muros de la ciudad fueron levantados sin contratiempos. En la realidad, el trabajo encontró una enconada oposición (Nehemías 4—6). Sin embargo, las oposiciones por su propia naturaleza, siguen esencialmente los mismos patrones sin reparar en la época o las circunstancias, y el gran valor de esta porción de las Escrituras para nosotros, radica en que Nehemías nos muestra como conducirse ante cualquier oposición con éxito absoluto.

Latentes en esos capítulos iniciales del libro de Nehemías están los principios del «especialista en trabajos» y del «experto socio emocional». Aquellos que estén interesados en la «diferenciación de funciones» dentro de un conjunto y deseen estudiar la «dinámica de grupos», encontrarán estos capítulos del 4 al 6 cargados de informaciones prácticas.

La construcción de la muralla, un trabajo que muchos consideraban imposible, fue terminada en cincuenta y dos días. Nehemías, habiendo alcanzado su primer objetivo, se nos muestra como un sabio administrador, al consolidar inmediatamente sus logros (Nehemías 7). Su labor es interrumpida por un avivamiento religioso que tiene lugar, porque Dios ve que el pueblo no está preparado aún para gobernarse solo e interviene haciendo surgir un genuino avivamiento espiritual. Durante esta etapa de renovación, Nehemías actúa con gran sabiduría y toma una posición secundaria. Esdras, conjuntamente con los sacerdotes y los levitas, instruyó al pueblo en la Ley. Se restauró la fiesta de los tabernáculos y se estipuló de manera solemne un pacto con Dios (Nehemías 8—10).

Solo después de que el pueblo está espiritualmente preparado para nuevas responsabilidades, Nehemías se siente capacitado para continuar su labor de consolidación. Esta toma primero la forma de la repoblación de Jerusalén (Nehemías 11), la inauguración de los muros de la ciudad y la labor de asegurar que el ministerio del Templo sería mantenido (12:1—13:3).

Los años restantes de este primer período de Nehemías como gobernador, pasaron tranquilamente. En el año 432 a.C., regresó nuevamente a la corte de Artajerjes en Persia. Permaneció en dicho lugar doce años y en el año 420 a.C., se le confirió de nuevo la responsabilidad de la gobernación en la provincia de Judá. Cuando llegó a Jerusalén se encontró con que el pueblo se había apartado del Señor. Por esa razón Nehemías se comprometió entonces en una serie de vigorosas reformas con el fin de depurar a los moradores del lugar de todas aquellas prácticas que estaban apartándolos de las bendiciones de Dios (Nehemías 13:5-31).

En nuestro estudio del libro, entraremos en detalles en tres materias importantes, a saber: las características básicas del liderazgo dinámico; la importancia de los principios espirituales y la necesidad de principios administrativos sólidos. A medida que examinemos dichos temas, también examinaremos las creencias de Nehemías, a fin de determinar la contribución de sus convicciones religiosas al éxito en el liderazgo. Nuestro próximo capítulo ofrecerá una percepción clara de las cosas que hicieron de Nehemías el gran hombre que fue.

---

[1] La Biblia registra tres deportaciones sucesivas. Tuvieron lugar en 605, 597 y 586 a.C.

CAPÍTULO 1
La fuerza más poderosa del mundo

Nehemías 1:4-11

La oración ha sido llamada la fuerza más poderosa de este mundo. Hay algunas personas, sin embargo, que la consideran fuera de lugar en nuestra sociedad, tan altamente civilizada. Dicen que con todos los adelantos de la tecnología, la oración solo es un obstáculo para la acción. Otros han ido más lejos aún, diciendo que la creencia en una relación vital con Dios ha sido mantenida viva solo por «el pueril ego de hombres inferiores».

A pesar de tales críticas, muchos han encontrado en la oración un apoyo cuando los problemas parecían abatirlos. Abraham Lincoln admitía: «Muchas veces he caído de rodillas ante la abrumadora convicción de que no tengo a nadie más a quien recurrir. Mi propia sabiduría y la de aquellos que me rodean resultan insuficientes para el momento».

La clave de una actuación sobresaliente

En sus «memorias», Nehemías nos habla de su experiencia con la oración. Tuvo que enfrentarse a una situación que era demasiado grande para sus fuerzas. Esta se relacionaba con el pueblo escogido de Dios «en la provincia de más allá del río». Estaba en Babilonia y se sentía incapaz de ayudarles; por eso recurrió a Dios en oración. De su ejemplo podemos aprender cómo la oración puede convertirse en una fuerza eficaz en nuestra vida. Cuando examinamos más cuidadosamente a Nehemías, comprobamos que para que la oración sea eficaz, debe ir precedida por el conocimiento de una necesidad. Alan Redpath señala que «muchas de nuestras oraciones se concretan a pedir a Dios bendiciones para familiares enfermos y que nos mantenga en nuestra lucha diaria por la vida. Pero la oración no es tan solo un simple balbuceo: es una guerra».

Cuando Hanani y sus acompañantes vinieron a visitar a Nehemías, este les preguntó acerca del estado del pueblo y las condiciones de la ciudad de Jerusalén. Esta pregunta de orden general, recibió una respuesta muy concreta: «El remanente, los que quedaron de la cautividad, allí en la provincia, están en gran mal y afrenta y el muro de Jerusalén derribado, y sus puertas quemadas a fuego».

Jerusalén había sido destruida por los babilonios en el año 586 a.C. (2 Reyes 25:10). A pesar de los repetidos intentos de reconstruir sus muros (Esdras 4:7-16), la ciudad aún se mantenía en ruinas. Sin una muralla que los protegiera, los moradores del lugar se encontraban indefensos. Los ladrones podían bajar de las colinas cercanas y caer sobre ellos inesperadamente, llevándose sus posesiones. Como eran incapaces de defenderse a sí mismos, perdieron estimación a los ojos de otras naciones (véase Nehemías 2:17; 4:2,3; Salmos 79:4-9). Lo que es mucho peor, perdieron el respeto propio. Se sentían humillados, porque de acuerdo con sus profetas, los muros de Jerusalén simbolizaban salvación y sus puertas, alabanza (Isaías 60:18).

El conocimiento de la triste condición de su pueblo movió a Nehemías a la oración. Lloró e hizo duelo por varios días. También ayunó y rogó a Dios en favor de sus hermanos.

Algunos comentaristas creen que Artajerjes estaba ausente del palacio en los momentos en que Nehemías recibió las noticias traídas por Hanani. Del capítulo segundo parece desprenderse que Nehemías continuó con sus deberes de copero y no permitió que sus preocupaciones personales interfirieran con su trabajo. Comparando Nehemías 1:4 y 2:1,2, podemos entresacar algunas muestras de su dominio personal. Era bien diferente a los fariseos, que hacían pública ostentación de su supuesta devoción (Mateo 23:14; Marcos 12:40). Solo después de cuatro meses de intensa oración y abnegación, el rey vino a notar cierto cambio en Nehemías.

Firme en la brecha [1]

En los versículos que siguen, se conserva para nosotros el tipo de oración que produce resultados. Notemos que para que la oración sea eficaz, debe ser hecha en actitud de reverencia.

Nehemías comienza su invocación con adoración y reverencia: «Te ruego, oh Jehová,[2] Dios de los cielos, fuerte grande y temible».Su fervor es evidente. Centra sus pensamientos en la grandeza de Aquél a quien se está dirigiendo. Permanece en temor reverencial ante la majestad de Dios. Reconoce su superioridad al mismo tiempo que su soberanía. A medida que Dios se va haciendo más grande para él, más pequeños van resultando sus problemas.

La oración de Nehemías está basada en las Escrituras.[3] Aunque creció en una tierra entregada a la idolatría y trabajaba en una corte pagana, todo ello no le impidió cultivar su vida espiritual (compare Colosenses 2:6,7; 2 Pedro 1:5-9). Esta oración nos muestra hasta qué grado dominaba la Palabra y cómo esta señoreaba toda su vida.

En su oración, Nehemías incluye la alabanza. Su agradecimiento está basado en el carácter de Dios. Da gracias porque Dios «guarda el pacto y la misericordia a los que le aman y guardan sus mandamientos». Los hijos de Israel tenían una relación especial y única con el Señor. Siguiendo una costumbre arraigada en el Cercano Oriente, ellos estaban sujetos a una autoridad suprema, un soberano. En este caso, el soberano del pueblo israelita era el Dios de los cielos. Ellos eran sus súbditos. Dios les impuso sus leyes y esperaba que ellos obedecieran sus mandatos. Como pago a su lealtad, Dios les ofreció su protección. Si obedecían su pacto, disfrutarían de sus bendiciones (Jeremías 11:4; 30:22; véase Levítico 26:12).

Nehemías sabía que la cautividad se había producido porque los Israelitas habían quebrantado su pacto con Dios. No obstante, daba gracias a Dios, porque en contraste con otras autoridades que castigan con prontitud a los rebeldes, el soberano del pueblo de Israel era misericordioso y clemente (Salmos 103:8; 117:2; Joel 2:13) y preservaba su amor y cariño para aquellos que guardaban sus mandamientos.

A medida que Nehemías continúa su plegaria, pasa de la adoración reverente a la petición específica. Su actitud es de un persistente fervor, basado en el conocimiento de que Dios responderá a las necesidades de su pueblo, si se somete otra vez a la autoridad divina (véase 1 Reyes 8:29,30,52; 2 Crónicas 7:14). Con esta seguridad, prosigue: «Esté ahora atento tu oído y abierto tus ojos para oír la oración de tu siervo, que hago ahora delante de ti día y noche, por los hijos de Israel tus siervos».

El modelo que Nehemías sigue en su oración es sumamente instructivo. Se asemeja al bosquejo que el Señor Jesús les dio a sus discípulos (Mateo 6:9-12; Lucas 11:2-4).

Hay muchas personas en nuestros días, que cuando oran siguen la misma progresión de Nehemías, pero sin sus resultados. Comienzan con la adoración y pasan a la súplica, pero no perseveran. La persistencia de Nehemías es digna de admiración. Permaneció en oración por su pueblo de día y de noche. Pudo haber hecho lo que muchas veces nosotros realizamos; es decir, orar por las necesidades de alguien, para olvidarnos apenas no lo tenemos presente. O pudo haber formulado sus ruegos en dos o tres oportunidades y haber dejado el resto al Señor. Sin embargo Nehemías persistió en su oración hasta que Dios le contestó. Nunca consideró su petición como la actividad mecánica de sonar una campanilla demandando que lo sirvieran, ni imaginó remotamente a Dios como un «sirviente cósmico» que se apresuraría a cumplir en forma solícita sus órdenes.

Él sabía que cuando Dios toma interés en nuestros asuntos, usa sus medios. En esta situación, la oración era el medio que Dios estaba usando para lograr sus propósitos (Ezequiel 36:37), Nehemías no esperó nunca que Dios contestaría sus peticiones en el mismo momento de formularlas. En lugar de ello, reconoció su subordinación a un soberano Señor y persistió respetuosamente hasta que Dios le contestó (Santiago 5:16-18).

La oración no solo nos ayuda conduciendo nuestra vida a la conformidad con la voluntad de Dios, sino que nos prepara para recibir la respuesta. A medida que tomamos conciencia de las intenciones del Señor, vemos con mayor nitidez la parte que nos toca dentro del plan divino. La oración persistente sirve asimismo al propósito de fortalecer nuestra resolución. Recibimos con ella una confianza renovada. Esta confianza nos libera de la garra del abatimiento y la desesperación y nos brinda fe para perseverar hasta lograr lo que Dios desea.

La actitud de la oración de Nehemías es también importante. Presenta un marcado contraste con algunas plegarias carentes de respeto para Aquél a quien van dirigidas. La postura de Nehemías es de absoluta reverencia y sumisión. Él sabía que los que se consideran auto suficientes, no oran a Dios, sino que solo se hablan a sí mismos. Los que están plenamente satisfechos de sí mismos, tampoco lo hacen porque no tienen conciencia de sus necesidades. Los que se consideran justos en su propia estimación no pueden tampoco orar, por carecer de base para aproximarse a Dios.

Quitando todas las barreras

Concentrando su pensamiento en quién es Dios, Nehemías llegó a tomar conciencia de una barrera que impedía a su Soberano la renovación de los privilegios de su pacto con el pueblo. Este obstáculo era el pecado no confesado por él. Esto viene a ilustrar con claridad otra lección en nuestra vida de oración. Para que la oración sea eficaz, debe ir acompañada de confesión. Nehemías sabía bien que el pecado reposaba en el fondo de aquellos por quienes pedía. Por esa razón comienza: «Y confieso los pecados de los hijos de Israel que hemos cometido contra ti». No deseando culpar solamente a la nación israelita, él se identifica con la culpa de su pueblo: «Sí, yo y la casa de mi padre hemos pecado». Este tipo de confesión sería particularmente apropiado si Nehemías era descendiente del linaje de David.

Comenzando con esta confesión general, Nehemías pasa a los puntos específicos: «En extremo nos hemos corrompido contra ti, y no hemos guardado los mandamientos, estatutos y preceptos que diste a Moisés tu siervo». Puesto que dice esto, se ve que cree firmemente que la continua tristeza y aflicción de Jerusalén está directamente relacionada con los pecados no confesados por el pueblo. Tácitamente acepta que este pueblo no tiene merecimientos propios. Ha roto el pacto con el Señor. Dios sin embargo ha previsto de los medios para ser restaurado, y esta provisión se convierte en la base de la petición de Nehemías.

Reclamando esa provisión hecha para que el pueblo pueda ser restaurado en el favor de Dios, Nehemías nos muestra otro principio de la oración: para que sea eficaz, debe estar basada en las promesas de Dios. «Acuérdate ahora de tu palabra», dice. Entonces, parafraseando la enseñanzas de Deuteronomio 4:25-31; 30:1-5; Levítico 26:27-45 y 2 Crónicas 6:36-39, demanda el cumplimiento de la promesa de Dios. Esta apelación marca el punto más alto de su plegaria. Su confianza en el Señor es tan absoluta, que sabe que él resolverá todos los detalles. Entonces concluye refiriéndose al pueblo de Dios como «sus siervos». Esto implica una nueva sumisión a la autoridad divina y el restablecimiento del pacto previo de relación con Dios.

La intercesión de Nehemías subraya lo cierta que es la observación del doctor R. C. Trench: «La oración no es para vencer la resistencia de Dios, sino para asirnos de su benevolencia».

Nehemías continúa solicitando el favor de Dios por cuatro largos meses (véase Nehemías 1:1, noviembre-diciembre y Nehemías 2:1, marzo-abril del 445 a.C.). Durante esas semanas pudo ver todos los asuntos con mayor claridad que nunca. Empezó de igual manera a entender la parte que le iba a tocar en la respuesta a su oración. Todo ello parece evidente por la forma en que Nehemías concluye su oración, pidiendo a Dios buen éxito en su empeño. Después hace saber al rey Artajerjes sus planes. Sabe que será mas difícil abandonar la corte de Persia que haber entrado en ella. Es un cortesano de confianza y el rey ha puesto su seguridad en cierta manera en sus manos. No sabe cómo Dios habrá de lograr todo esto, pero su esperanza en el Señor es grande y confía en que él mismo resolverá todos los detalles.

El hombre que usa Dios

A medida que revisamos este pasaje, encontramos que contiene varios principios muy importantes para los líderes de nuestros días. Uno de ellos es que el líder debe tener una sincera preocupación por los demás. Cuando Nehemías recibió a la delegación de Jerusalén, mostró un interés inmediato respecto al bienestar del pueblo y a las condiciones de la ciudad. Cuando supo de sus apuros, se comprometió personalmente en la empresa. Ayunó y oró por ellos.

Muy a menudo, los que quieren llegar a ser líderes tratan de alcanzar la cima del éxito pisoteando los derechos ajenos. Aprovechan y explotan las capacidades de otros para progresar ellos. La importancia de esta preocupación vital por los demás ha sido encarecida por Sir Arthur Bryant en un artículo publicado en *Illustrated London News* [Noticias ilustradas de Londres]. Este renombrado historiador dice: «Nadie es apto para guiar a sus conciudadanos, a menos que considere el cuidado y el bienestar de ellos como su responsabilidad primordial ... y privilegio».

Un líder sabio coloca el bienestar de aquellos con quienes trabaja, entre las cosas más importantes de su lista. Se asegura de que sus preocupaciones serán consideradas antes que las suyas propias.

Sabe que si sus subordinados están libres de ansiedades personales, pueden hacer un trabajo mucho mejor. Ninguna corporación o iglesia, institución educacional o misión, puede tener éxito en alcanzar sus metas sin la ayuda espontánea de aquellos que están listos a darse ellos mismos por amor a la obra. El cuidado de un administrador capacitado se exterioriza por la forma en que trata a sus empleados; el reconocimiento que hace de sus contribuciones y la manera en que recompensa sus servicios (Efesios 6:9; Colosenses 3:1).

Esta no es solo una sana política para aquellos que ocupan altos puestos ejecutivos, sino también un consejo práctico para los aspirantes a hombres de negocios, pastores y líderes de misiones. Un líder que se identifica estrechamente con aquellas personas a quienes orienta, está capacitado para motivarlas hacia logros cada vez mayores. Será capaz de valorar sus capacidades individuales, unir a sus subalternos y retarlos con metas personales y de grupo. Como señala Bernard L. Montgomery: «El comienzo de todo liderazgo es una batalla por ganar el corazón y la mente de los hombres».

Esto nos lleva a un segundo principio del éxito en el liderazgo. Aunque la preocupación vital por las personas es un requisito necesario para ganar su confianza, y la íntima identificación con ellas es la clave para motivarlas, la importancia de la oración no debe ser ignorada ni desatendida. En una de las paredes de un corredor del Colegio Spurgeon en Londres, aparecen pintadas en letras gigantescas las siguientes palabras de Cristo: PORQUE SEPARADOS DE MÍ, NADA PODÉIS HACER (Juan 15:5). Gracias a la oración somos capaces de usar el poder de Dios, porque en ella le pedimos al Señor que haga lo que nosotros no podemos.

Desafortunadamente, tenemos la tendencia de subestimar la oración. Es tan secreta y silenciosa, que a menudo la pasamos por alto como algo sin mayor importancia. Para corregir tan acomodaticia impresión, J. Edgar Hoover decía: «La fuerza de la oración es mayor que cualquier combinación posible de poderes controlados por el hombre, porque la oración es el instrumento supremo del hombre para extraer los recursos infinitos de Dios».

Nehemías encontró que la oración era una gran fuente de poder. Él se enfrentaba a un problema superior a sus fuerzas humanas y por ello llevó todo en oración al Señor. Dios entonces le mostró la solución. A través de sus súplicas, Nehemías recibió una nueva perspectiva del problema, fue orientado a reordenar su escala de valores y recibió a la vez un claro sentido del *propósito que había en su misión*.

Como resultado de la oración de Nehemías por su pueblo, un obstáculo aparentemente insuperable fue reducido a proporciones que permitieron manejarlo. Al término de cuatro meses de consagrada intercesión, Dios le brindó la solución al problema.

La oración nos ofrece también nuevas *perspectivas*. El fundador de las tiendas Penney acostumbraba a decir a sus colegas: «La verdadera oración abre nuestros ojos a cosas nunca vistas con anterioridad. Es lo opuesto a la oración que ha sido solamente una mera expresión de nuestros deseos egoístas». Mientras mayor sea Dios ante nuestros ojos, mejor será nuestra perspectiva en todos los problemas y situaciones que confrontemos.

Teniendo ya conciencia plena de lo que Dios quería que se hiciera, Nehemías fue guiado a un reordenamiento de sus prioridades. Comprendió su función en la solución del dilema que afrontaba su pueblo. Reconoció y aceptó que se convertiría en una pieza vital del vehículo que Dios utilizaría para lograr los fines por los cuales habían orado tan intensamente.

No tenemos medios precisos para comprobar cuántas veces la oración ha cambiado el curso de la historia. Lo que sí sabemos es que como resultado de la oración de Nehemías, Dios intervino en una situación aparentemente desesperada y, trabajando a través de un solo hombre, llevó a feliz término una tarea que a todos les parecía imposible.

La oración no solamente fijó las precedencias de Nehemías sino que también le dio una motivación. La certeza de ser un enviado de Dios había de sostenerlo a través de las innumerables vicisitudes que encontraría tan pronto comenzara la reconstrucción de los muros de la ciudad. En lo que Dios logró a través de Nehemías hay mucho de inspiración para nosotros. Él está dispuesto y deseoso, y es capaz de hacer lo mismo a través de cada uno de nosotros, si así lo queremos y aprendemos el secreto de utilizar esos recursos infinitos de su poder divino. Nuestros «gemidos indecibles» son las oraciones que Dios no puede rechazar (Romanos 8:26,27). Nuestras oraciones diarias aminoran nuestras diarias preocupaciones.

A la vez, nos mantienen en el sitio en que Dios puede utilizamos.

La constancia en la oración es la que marca la diferencia. Qué clase de diferencia es esta y cómo la fe y el trabajo marchan juntos, lo veremos en la próxima sección.

---

1 Salmo 106:23.

2 La palabra hebrea YHWH, Jehová o Yahvé, difiere de los otros nombres de Dios en el sentido de que es usada específicamente para hablar de su pacto con Israel.

3 El pensamiento de Nehemías debió estar saturado de la Palabra de Dios, ya que cita literalmente pasajes como Deuteronomio 4:25-31; 5:10; 7:9, 21,9:29; 30:1-5; Levítico 26:27-45; 1 Reyes 8:29; 2 Crónicas 6:20,36-40 y Salmo 130:2.

CAPÍTULO 2

La dinámica de las relaciones interpersonales

Nehemías 2:1-8

¿Por qué algunos administradores intermedios tienen éxito mientras otros fracasan? ¿Cuáles son los aspectos débiles más frecuentes? ¿Cómo podemos transformar las presiones de arriba y las tensiones de abajo en ventajas?

Una joven directora de educación cristiana conocida mía, se encontró atrapada en una situación que presentaba todos los síntomas de la administración intermedia. Poco después de su graduación, fue entrevistada por el comité de educación cristiana de una gran iglesia.

—Estamos buscando alguien que sea innovador en esta materia y que no tenga miedo a hacer cambios —le dijeron. La descripción se ajustaba perfectamente a las capacidades de mi amiga. Le ofrecieron el puesto y ella lo aceptó. No pasó mucho tiempo sin que se encontrara en una situación sin salida con el ministro de más edad. Pudo comprobar que este era quien gobernaba realmente la iglesia y no su junta directiva, y estaba opuesto a todo cambio.

¿En una situación como esta, que podía hacer? ¿Como podía arreglárselas con una persona decidida a obstaculizar todos sus movimientos?

En la misma ciudad había un joven administrador con aspiraciones. Sus conocimientos estaban fuera de toda duda. De hecho, los directores de la compañía en que trabajaba lo habían propuesto para una promoción. Fue cambiado a un nuevo departamento con el fin de ir obteniendo experiencia. En este sitio, para su disgusto, encontró que todos sus planes eran obstaculizados continuamente por su superior inmediato. Los cálculos de producción comenzaron a fallar, las fechas de entrega no pudieron ser cumplidas y los clientes se quejaron airados a la compañía. Como resultado de ello, se encontró en un total estado de frustración.

De una manera muy real, estas dos personas nos ilustran la verdad a veces chistosa, pero siempre dolorosa, respecto a la administración intermedia, que en múltiples ocasiones equivale al proverbial hallarse «entre la espada y la pared».

Este tipo de administración exige la capacidad de traducir los ideales de nuestros superiores a la práctica y a la vez saber motivar a los subordinados que hacen estos ideales posibles. Esta administración intermedia necesita mantener las metas y propósitos de la corporación, al tiempo que estimula y alienta a los individuos a esforzarse en sus logros personales.

Nehemías 2 describe los principios del éxito en una administración intermedia. De su ejemplo podemos aprender cuán importantes son la lealtad y el tacto, cómo evitar toda polarización, innecesaria la técnica para hacer buenas preguntas y la forma como se puede estimular a la administración superior para que adopte nuestras ideas.

Al comienzo del capítulo, Nehemías está esperando respuesta a sus oraciones. Sabe que el rey es la clave para la solución de todo el problema y ha orado para que Artajerjes se muestre compasivo hacia él (Nehemías 1:11).

Durante un banquete en el cual estaba presente la reina Damaspia, Nehemías tomó el vino para dárselo al rey. Quizá los ojos del cortesano y el monarca no se cruzaron como de ordinario, o tal vez algo en la conducta de Nehemías llamó la atención del gobernante. En alguna forma, Artajerjes notó un cambio en la actitud de su copero (Nehemías 2:1). Sospechando alguna conspiración contra su vida, el monarca indagó: «¿Por qué está triste (literalmente, *malo*) tu rostro? Pues no estás enfermo. No es esto sino quebranto de corazón».

La situación en que se encontró Nehemías era totalmente inesperada. El había orado a Dios solicitando favores y bendiciones; en lugar de ellos, se encontraba ahora con que el rey dudaba de su lealtad.

El síndrome de la administración intermedia

Nehemías le aseguró su lealtad inmediatamente a Artajerjes. «Para siempre viva el rey», dijo. Esta era una expresión estereotipada.

Muchos reyes antes de Artajerjes habían oído las mismas palabras de los labios de aquellos que tramaban su muerte. Sin embargo, como venían ahora de un hombre de sinceridad probada, el rey pareció dar crédito a sus palabras. Le permitió continuar.

Asegurándole al rey su fidelidad a la corona, Nehemías dejó sentado un fundamento importante para la explicación de su preocupación. De no haber creído Artajerjes su declaración de fidelidad, hubiera resultado muy difícil para el cortesano explicar su «quebranto de corazón».

Contestando a las preguntas del rey, dijo: «¿Cómo no estará triste mi rostro, cuando la ciudad, casa de los sepulcros de mis padres, está desierta, y sus puertas consumidas por el fuego?» Esta respuesta nos manifiesta el tacto de Nehemías. Respondiendo mediante una pregunta evitó situarse a la defensiva. Si hubiera tratado de justificarse (como hacemos muchos de nosotros) tan solo hubiera agravado las cosas. Entonces, mientras más tratara de explicar la causa de su tristeza y quebranto, menos credibilidad tendría su relato. Contestando al rey en la forma en que lo hizo, Nehemías evitó un innecesario enfrentamiento y conservó la unidad de su relación con el monarca.

Una segunda ilustración del tacto de Nehemías la encontramos en esta explicación de su quebranto. Él está consciente de la reverencia ancestral que predomina en el Cercano Oriente con respecto a los muertos. De ahí que se refiera a la desecración de los sepulcros de sus antepasados. Sabía sobradamente que esto despertaría las simpatías del rey.

Debe también notarse que en ningún momento Nehemías menciona el nombre de la ciudad de sus padres. Esta omisión no es un engaño de ningún tipo. Con ello está evitando juiciosamente un tema que podía ser peligroso. Jerusalén había sido a través de los tiempos una ciudad difícil de dominar (Esdras 4:6-16). Artajerjes conocía el origen étnico de su copero y este fue lo suficientemente sabio para no perjudicar sus oportunidades de éxito, despertando recuerdos desfavorables en la mente del rey. La tarea de Nehemías era doblemente difícil porque deseaba intensamente obtener permiso para retornar a Jerusalén y reconstruir los muros de la ciudad, cosa que Artajerjes había prohibido específicamente en sus decretos con anterioridad (Esdras 4:17-22).

La forma en que maneja esta situación imprevista, subraya la importancia del tacto. Tener buen tacto no significa asentir a todas las cosas que otra persona diga, ni tampoco que haya que mentir para no herir susceptibilidades ajenas. El tacto está basado en la verdad y la personalidad, así como en la comprensión de la naturaleza humana. Exige saber cómo llegar hasta las personas y cómo dar a conocer lo que deseamos.

Un mandato expreso

La discreción de Nehemías hace que el rey le pregunte: «¿Qué cosa pides?» Nehemías inmediatamente envía su «minioración» al cielo. Él consideraba que necesitaba ayuda adicional en aquel momento en que le formulaba al rey sus planes y le hacía saber su petición. Los hombres de negocios cristianos, los líderes de las iglesias y los dirigentes de misiones con mucha frecuencia se encuentran en la misma situación que Nehemías afrontó. Ellos también necesitan pedir al Señor ayuda y orientación antes de concurrir a una reunión de la junta directiva de la compañía, presentar una proposición controversial a sus superiores, tratar con un cliente explosivo, recibir llamadas telefónicas potencialmente difíciles o entrar en negociaciones con un productor o proveedor (véase Salmos 50:15; 95:15; Isaías 65:24).

En contestación a la pregunta generalizada del rey, Nehemías responde en forma muy específica: «Si le place al rey, y tu siervo ha hallado gracia delante de ti, envíame a Judá a la ciudad de los sepulcros de mis padres y la reedificaré ... que se me den cartas para los gobernadores al otro lado del río, para que me franqueen el paso ... y carta para Asaf, guarda del bosque del rey para que me dé madera». Como ha indicado Alan Redpath en *Victorious Christian Service, [Servicio cristiano triunfante]*, Nehemías deseaba tener seguridad de que había sido comisionado por el rey, que se mantendría a salvo mientras estuviera lejos del palacio y que sus necesidades estarían cubiertas. Sabía con precisión todo lo que necesitaba.

El pronunciamiento inicial de Nehemías contiene un principio importante para todos aquellos que laboran en la administración intermedia. Nosotros no progresaremos mucho en nuestras nuevas ideas, si no interesamos inicialmente a nuestros superiores en lo que estamos sugiriendo. Introduciendo su solicitud con las palabras: «Si le place al rey», Nehemías estaba preservando la superioridad jerárquica del monarca. Artajerjes no podía sentirse ni disminuido ni amenazado. El cortesano estaba invitando al monarca a tomar la decisión. Sugería que debía ser la corona la que debía tomar la iniciativa. Toda su presentación le demostraba al rey que era completamente leal.

El prólogo cortés de Nehemías allanaba el camino a las peticiones. Estas fueron formuladas pensando en la confianza del rey en él. Crecían abonadas por su lealtad y voluntaria sumisión a la autoridad del monarca. Una vez más no se hace mención del nombre de la ciudad ni referencia a la disposición previa del rey (Esdras 4:21), que necesariamente tenía que ser ahora enmendada. Todo lo que Artajerjes preguntó fue: «¿Cuánto durará tu viaje y cuándo volverás?» Y Nehemías señaló un tiempo definido: doce años (Nehemías 2:6; 5:14; 13:6).

Permitir el viaje de su copero a Judá significaba una gran pérdida para Artajerjes. Esto ha traído por consecuencia que algunos escritores deduzcan que debe existir algún error en el texto original, porque el rey, según ellos, no le hubiera permitido a un funcionario tan valioso de la corte una ausencia por tan largo período de tiempo.

Para responder a estas interrogantes debe señalarse que en Siria habían surgido problemas dos años antes. El sátrapa o virrey Megabizos había encabezado una revuelta contra Artajerjes. Este sátrapa había sido reducido a la obediencia y aunque Artajerjes desconfiaba de él, lo retuvo en el gobierno de la región por razones políticas. Por esta razón, le venía muy bien al monarca tener alguien de la fidelidad de Nehemías, separando a Siria de Egipto. Con Nehemías en Jerusalén, cualquier alianza entre las dos naciones sería más difícil de lograr.

Pero, ¿cómo vamos a explicar el éxito de Nehemías? ¿Qué debemos aprender de su ejemplo?

La victoria alcanzada por Nehemías al presentar sus peticiones al rey, debe ser atribuida primordialmente al hecho de haberse preparado en forma con la debida antelación. De no haberlo hecho así, quizá su conversación con el rey hubiera terminado en la comisión de viajar a Judá, pero sin ninguna de las otras concesiones que eran tan necesarias. Sin la preparación previa en Babilonia, no habría tenido a su disposición los materiales que eran tan necesarios para su labor en Jerusalén. Unos meses antes cuando se convenció de que Dios intentaba usarlo como parte de la respuesta a sus propias oraciones, empezó metódicamente a pensar en sus necesidades. Después de un examen cuidadoso de la situación, llegó a la conclusión de que solamente había una persona con los recursos necesarios para reconstruir la ciudad y esta era Artajerjes. También estaba consciente de cuáles podían ser los obstáculos que podrían oponerse al feliz término de su comisión. Sabía que antes de empezar a reconstruir la ciudad, necesitaba un salvoconducto para pasar a través de las diferentes provincias. Tenía completa conciencia del desprecio que muchos de los sátrapas sentían por los judíos y estaba seguro de que ellos y sus subordinados tratarían de interrumpir el viaje y estorbar su labor, a menos que tuviera en su poder credenciales con la debida autorización real, para ser presentadas a ellos. ¡Tan solo el sello del monarca podía abrirle los caminos!

Habiendo pensado bien todos los detalles, Nehemías estaba bien enterado de sus necesidades y por ello podía hacer una relación exacta de sus peticiones. «Si le place al rey, que se me den cartas para los gobernadores (de las provincias) al otro lado del río, para que me franqueen el paso hasta que llegue a Judá» (Nehemías 2:7). Tener esta clase de autorización por parte de Artajerjes, era una buena política de negocios. Demostraba una previsión apropiada. Aquellas credenciales situaban los trabajos a realizar directamente bajo el patronato del rey.

Es sorprendente ver con cuanta frecuencia este tipo de autorización es ignorado o pasado por alto por los hombres de negocios y por los círculos rectores de la Iglesia. Hace unas semanas apenas, almorcé con una persona que había entrado a formar parte del personal de la biblioteca en la Universidad del Sur de California. Su superior inmediato había trabajado allí por quince años. Con la expansión del centro docente, la administración comprobó que este supervisor no podía seguir manejando apropiadamente su departamento. Se decidió que tan pronto se pudiera encontrar un nuevo especialista, se haría lo que Laurence Peter llama un *arabesco lateral*, esto es, una seudo-promoción del supervisor hacia un nuevo lugar de trabajo y con otro título.

El problema fue que la administración nunca especificó el papel a desempeñar por el nuevo especialista contratado con relación a los demás empleados y como consecuencia de ello, se encontró en una posición de mucha responsabilidad, pero sin la necesaria autoridad. La administración esperaba que este nuevo funcionario tomara las obligaciones del anterior supervisor, pero los empleados bajo su control no sabían siquiera que él era el jefe del departamento. Con tan pobre definición de funciones y deberes, los otros jefes de departamento no cooperaban con él.

Cuando hablé con este bibliotecario, estaba pensando seriamente tomar un trabajo en otra parte. Todo eso podía haberse evitado si la administración hubiera ofrecido lo que Nehemías solicitó en forma muy específica, es decir, autoridad de acuerdo con su responsabilidad y una aclaración pública de su posición dentro del marco administrativo.

En segunda instancia, Nehemías solicitó que sus necesidades fueran provistas de acuerdo con la importancia de aquél que lo estaba enviando a Judá. «Y carta para Asaf guarda del bosque del rey, para que me dé madera para enmaderar las puertas del palacio de la casa, y para el muro de la ciudad, y la casa en que yo estaré».

Es curioso que Nehemías conociera la proximidad a Jerusalén de uno de los bosques (literalmente, «paraíso») del rey y sabía también el hombre de la persona a cargo del mismo. Conocía asimismo la disposición general de la ciudad, gracias a Hanani.

Habiéndose preparado con tanta diligencia, podríamos pensar que Nehemías se felicitaría por el éxito. En lugar de ello, nos dice: «Y me lo concedió el rey, según la benéfica mano de Jehová sobre mí». Su dependencia del Señor es real. Su humildad es genuina. Nos recuerda que no debemos vanagloriarnos de lo que Dios realiza a través de nosotros, como si las hubiéramos alcanzado sin su ayuda.

El sueño imposible

Dios obra en los asuntos humanos para lograr sus propósitos. Lo que cuatro meses antes parecía una cosa totalmente imposible, comenzaba ahora a aparecer como algo realizable. ¿Y la clave para todo ello? Oración, preparación y perseverancia.

La oración es una deliberada identificación con Dios y con sus propósitos. Los cristianos de todas partes dan testimonio de su eficacia. Charles Trumbull afirma: «La oración es una liberación de las energías de Dios, porque orar es pedir a Dios que haga lo que nosotros no podemos». Nehemías era un verdadero hombre de oración.

También había estudiado con perspicacia la naturaleza humana. Se había preparado muy bien. Estaba familiarizado con los planes y las esperanzas de Artajerjes y con sus problemas y ansiedades. Su sensibilidad le ayudó mucho a medida que iba exponiéndole sus planes al rey. La manera en que trató el asunto demuestra la importancia de la lealtad y el tacto, la necesidad de una previa preparación y la conveniencia de evitar discusiones innecesarias. Señala también la mejor manera de preservar la autonomía del superior.

El conocimiento de la naturaleza humana nos lleva a ser prudentes. No podemos confiar en todo aquel que conocemos. El celo y la rivalidad siempre nos rodearán. Cuando recibamos una nueva comisión, debemos solicitar una aclaración pública de nuestras funciones, de tal forma que otros no nos obstaculicen en el desempeño del mandato que se nos ha dado.

Finalmente está la perseverancia. Nehemías no se detuvo después de que el rey accedió a su demanda inicial. Continuó con su petición hasta que todas las necesidades fueron cubiertas.

Los problemas de la administración intermedia pueden ser manejados fácil y eficazmente si estudiamos las personalidades de aquellos que están alrededor de nosotros. La abundancia de técnicas es un sustituto muy pobre para el conocimiento de cómo llevarse bien con las personas. Las promociones en la mayoría de los casos llegan como producto de la comprensión y la afinidad de los subordinados con los problemas de sus superiores. Los que han estudiado las características de las personas con quienes trabajan, en un nivel tridimensional: por encima, a la par y por debajo de ellos, serán mas útiles para sus jefes y también les será más fácil triunfar.

La sicología de las preguntas bien hechas

Las buenas preguntas ayudan a esclarecer las situaciones a la vez que disipan las dudas y las sospechas. Nehemías usó de ellas con gran ventaja. Sus preguntas a Artajerjes no solo facilitaron la comprensión de su quebrantada apariencia, sino que hicieron también al soberano tomar conciencia de la situación en que se hallaban los que habitaban en aquella parte de su reino. Estas preguntas permitieron que conociera los ruegos del pueblo judío. Nehemías entonces fue capaz de aprovecharse de esta ventaja y sin perder la benevolencia de su superior, guiarlo a respuestas favorables a sus oraciones.

El Señor Jesús usó también preguntas durante su ministerio. Las utilizaba para iniciar conversaciones (Juan 5:6). También razonaba con ellas (Mateo 12:24-30). Enseñaba preguntando (Mateo 18:12). Después de contarle a la multitud la parábola del buen samaritano, preguntó: «¿Quién, pues, de estos tres te parece que fue el prójimo del que cayó en manos de los ladrones?» (Lucas 10:36). En otra ocasión cuando los líderes religiosos trataron de ponerle una trampa a Jesús con su incriminante y hostil interrogatorio, el Señor les respondió con otras preguntas (Lucas 22:48; Mateo 22:17-21). Una gran parte de lo que conocemos de su ministerio fue conducida mediante preguntas.

También las usó con el fin de mantener la atención de sus oyentes y estimularlos a pensar.

Las preguntas pueden ser usadas para resolver casi cualquier situación. Sin embargo, no deben ser utilizadas para ridiculizar a otros. Si nuestra actitud es comprensiva y bondadosa, no trataremos de mostrar enemistad con nadie. También debemos asegurarnos de que nuestras preguntas no constituyan un manto para cubrir nuestra propia cólera. Si dejamos exteriorizar sentimientos de enojo, colocaremos inmediatamente a la otra persona a la defensiva. Es preferible preguntar: «¿Podríamos discutir esto juntos?» o «¿Cree usted que esta sería la forma correcta de actuar?» Utilizando preguntas como éstas, seremos capaces de estudiar cualquier situación, por difícil que sea, de una manera objetiva.

Algunas veces resulta difícil pensar una buena pregunta de repente. Por esto debemos familiarizarnos con la naturaleza humana. Mientras mejor conozcamos las características de la persona con quien estamos tratando, tanto mas fácil nos será formular las preguntas adecuadas.

Una de las situaciones más difíciles de manejar es cuando encontramos un individuo potencialmente hostil. Nunca sabremos cuándo nuestros motivos serán malinterpretados y nuestras intenciones tomadas con malicia. Una vez trabajé en una compañía cuyo presidente era dado a explosiones violentas. Su secretaria era la única capaz de sortear con éxito tales situaciones. Yo traté de ver cómo lograba ella este difícil cometido. Encontré que cuando se hallaba en esa situación, siempre le hacía una pregunta que comenzaba con el interrogativo «¿qué?», y que nunca utilizaba el «¿por qué?». La oí decir una vez: «¿Qué es lo que le incomoda, Señor Brown?» Entonces lo dejaba que se desahogara. Esto tenía una función catártica. El Señor Brown hablaba de su último disgusto, exponía sus sentimientos y obtenía una perspectiva mejor de la situación.

También resulta difícil habérselas con una persona amiga de discutir. Muchas veces parecen muy sinceras. Sin embargo, si nos imaginamos que nuestra contestación va a conducirnos a un debate, sería mejor que pidiéramos una aclaración de los asuntos. Esto puede hacerse fácilmente. «¿Por qué hace esa pregunta?», podríamos nosotros decir, o «¿Cuál es su opinión?» Si nos responde diciendo: «Pero lo que yo quiero saber es cómo piensa usted», podemos replicarle:

«Me sentiré gozoso de compartir mis pensamientos en este asunto con usted, tan pronto como sepa por qué hace usted la pregunta».

Encontraremos que mientras más maestría obtengamos en la formulación de preguntas, más rápidamente nuestras interrogaciones conseguirán el propósito perseguido. Algunas veces estimularán a pensar, otras pondrán al descubierto de manera muy prudente la ignorancia o el desatino. También podrán revelar los motivos e intenciones de algunos y en oportunidades pueden ser capaces hasta de exhortar y orientar.

Con mucha frecuencia el asunto fundamental a considerar no es la sustancia de la situación, sino saber *cómo siente la otra persona*. Una pregunta bien expresada puede restaurar la confianza y mantener abierta la comunicación sin menoscabo de la reputación.

Hacer preguntas apropiadas a una situación determinada es un arte. Las preguntas pueden ser usadas con mucho beneficio dondequiera que estemos, sea en la iglesia, la oficina, el hogar o de visita con amigos. El secreto de su buen uso, descansa en que desarrollemos unos cuantos conocimientos básicos. Esos conocimientos están ejemplificados en Nehemías.

En resumen una pregunta utilizando «por qué» (como la formulada por Artajerjes) presupone autoridad, busca una razón convincente para nuestra decisión o conducta y generalmente coloca a la persona interrogada a la defensiva. En cambio, una pregunta que use el interrogativo «qué», generalmente solicita una opinión, y requiere que la persona a quien se dirige, precise su pensamiento sobre el tema y dé una respuesta lógica.

CAPÍTULO 3
Nehemías asume
el mando

Nehemías 2:9-20

Hace algunos años, nombraron un nuevo administrador de sucursal en la compañía donde trabajaba. Iba a reemplazar a una persona muy popular cuyas capacidades singulares le habían ganado una nueva promoción. Sin duda, era una situación difícil para el nuevo administrador. Sabía que necesitaba una reacción favorable a su nuevo nombramiento. También sentía la necesidad de afirmar su autoridad.

Para llevar a cabo sus planes, esta persona muy sabiamente llegó al lugar con dos semanas de antelación al inicio de su nuevo trabajo. Se mantuvo en un segundo plano y estudió la situación concienzudamente. El día en que inició sus responsabilidades convocó a una reunión de todos los jefes de departamentos. En dicha reunión comenzó elogiando a su personal. Cumplimentó a cada uno de ellos por los logros individuales alcanzados. Entonces, con un deliberado cambio de actitud continuó: «Pero no me interesa lo que ustedes hayan hecho en el pasado. ¡De ahora en adelante es lo que cuenta!»

El resultado de esta afirmación no es muy difícil de imaginar. La moral cayó en picada. El descontento prevaleció. En lugar de una transición plácida, el nuevo administrador creó barreras que tomaron meses en ser superadas.

Todo esto nos conduce a preguntarnos: ¿Hay alguna manera correcta de tomar una nueva posición de liderazgo? ¿Existen técnicas probadas que nos ayudarán a superar los obstáculos?

La dinámica de situaciones como estas aparece en Nehemías 2. Esa dinámica incluye fuerzas tanto *internas como externas*.

Nehemías había sido copero anteriormente. En esta posición, había estado bajo el ojo vigilante de su soberano. Ahora, como gobernador, estaba libre de toda supervisión directa. Era su propio jefe. Estaba encarando la clase de situación en la que muchos hombres fallan.

37

La estrategia por él empleada al tomar su nuevo cargo, contiene principios importantes para nosotros. Puede ser aplicada a cualquier situación externa que nos veamos obligados a enfrentar. Como veremos, su estrategia consistió en exhortar, motivar y alentar a los habitantes de Jerusalén.

Después de examinar las fuerzas externas que Nehemías encaró al asumir el gobierno de Judá, dirigiremos nuestra atención a la dinámica *interna* que podría haber afectado su liderazgo.

El enviado del rey

Durante el viaje de Nehemías de Susa a Jerusalén, fue acompañado por «capitanes del ejército y gente de a caballo» (Nehemías 2:9). Estos aseguraban su protección y le agregaban prestigio al momento de presentar sus credenciales a los funcionarios de las fronteras. Con toda probabilidad, viajó de Susa a Babilonia y entonces tomó la ruta más corta atravesando Tadmor rumbo a Damasco. Este viaje tomaba cerca de dos meses. El historiador George Rawlinson, de Oxford, opina que de Damasco, Nehemías continuó por el valle del Jordán hasta el vado opuesto a Jericó y de allí tomo el camino principal de Jerusalén.

Los enemigos de los Judíos en Samaria, supieron muy pronto la noticia de la llegada de Nehemías. Leemos que «oyéndolo Sanbalat horonita y Tobías el siervo amonita, les disgustó en extremo que viniese alguno para procurar el bien de los hijos de Israel».

¿Cómo supo Nehemías del descontento de ellos? Es cierto que, pensando en las experiencias pasadas de los judíos (véase Esdras 4:4-24), esperaba oposición. Sin embargo, esto no quiere decir nada en cuanto a su íntimo conocimiento de la reacción de los habitantes de Samaria (véase Nehemías 4:1-3,7,8,15,16; 6:1,2, etc.). La única explicación posible es que Nehemías envió personal a Samaria para que lo mantuviera informado de todas las actividades pensadas o planeadas por los enemigos del pueblo judío. Si esto fue así, nos muestra su realismo (véase Mateo 10:16). No era ningún ingenuo. No podía confiar nunca en aquellos que ya tenían un historial de oposición al bienestar de los moradores de Judá. Confiaba totalmente en el Señor, a la vez que tomaba las debidas precauciones. En su ejemplo vemos cómo la fe y la acción pueden operar conjuntamente.

La oposición a Nehemías se centraba en Sanbalat, llamado «horonita», quien probablemente fuera de una de las «Bet-horón» («la casa del dios Horón», véase Josué 16:3,5), y descendiente de uno de los grupos mixtos que se establecieron en Samaria después de la conquista asiria (2 Reyes 17:24, 29-31). Su asociado era un amonita nombrado Tobías (véase Deuteronomio 23:3). Tobías pertenecía a una antigua y famosa familia que había gobernado en Amón por generaciones.[1] En el versículo 19 el nombre de Gesem es agregado a la lista de enemigos. Este era un poderoso emir que había logrado unir a los árabes en una vasta confederación y cuyos ejércitos beduinos dominaban todas las regiones situadas al este y al sur del mar Muerto.

Paradoja y promesa

La llegada de Nehemías a Jerusalén afectó indudablemente la estructura de poder de la ciudad. Por lo que más tarde veremos sobre los sacerdotes y gobernantes, podemos estar seguros de que vieron con profunda preocupación su llegada (véase Nehemías 5:5, 7-10; 6:7-19; 13:4-9). Todo lo que el nuevo gobernante relata es: «Llegué, pues, a Jerusalén, y después de estar allí tres días ... » Más bien debíamos averiguar: ¿Qué hizo durante esos tres días?

Algunos comentaristas creen que esos tres días fueron ocupados

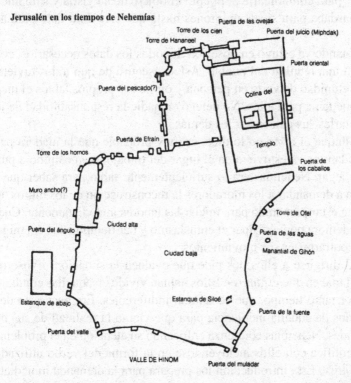

Jerusalén en los tiempos de Nehemías

con purificaciones ceremoniales. Esto es posible. Viendo los versículos 12 y 16 parece probable que Nehemías examinara la situación de arriba abajo y obtuviera de fuentes directas, información que Hanani no podía haberle brindado. Aún más, a la luz de Nehemías 3, parece probable que durante esos tres días estuviera planeando su estrategia para la construcción de la muralla, asesorándose con los dirigentes del pueblo, calculando los recursos necesarios y preparando canales eficaces de comunicación. Con toda seguridad, estaba esperando el momento psicológico adecuado para darle a conocer al pueblo sus planes.

El sentir de la población

Al cabo de esos tres días las actividades de Nehemías habían despertado un considerable interés (Nehemías 2:16). Aun esta demora en dar a conocer sus planes estaba trabajando a su favor. El estaba consciente de la importancia que tenía esperar el momento oportuno   para comunicarle al pueblo el objeto de su visita y sabiamente, guardaba para sí sus opiniones hasta que estuviera listo para actuar.

Cuando ya estuvo en posesión de todos los datos necesarios, convocó a una reunión del pueblo. Así se aseguró de que todos tuvieran la oportunidad de verlo en persona y oír de sus propios labios el mensaje que tenía para ellos. No delegó en nadie la responsabilidad de interpretarles sus palabras a los demás.

Aunque el texto no lo dice, es muy probable que la madera para los andamios ya estuviera en el lugar del trabajo, o en camino a punto de llegar. Nehemías era lo suficientemente sabio para saber que si les iba a demandar a los moradores la reconstrucción de los muros, tenía que estar preparado para iniciar las labores inmediatamente. Cualquier demora podía disipar el entusiasmo y dar tiempo a los enemigos para contrarrestar sus movimientos.

Al dirigirse a ellos, les pide que evalúen la situación: «Vosotros veis el mal en que *estamos*». Ellos habían vivido en aquellas condiciones por tanto tiempo, que se sentían indiferentes. Era necesario despertarlos de aquella indolencia para que vieran la realidad de sus necesidades. Nehemías comienza enfocando su atención en el problema. Se identifica con ellos incluyéndose en la forma del verbo utilizado: «*estamos*». Esta introducción los prepara para la demanda inmediata:

«Venid, y edifiquemos el muro de Jerusalén, y no estemos más en oprobio». Esta forma de llamado aviva el patriotismo del pueblo y sirve para demostrar la íntima identificación de Nehemías con ellos. Los habitantes de Jerusalén empiezan a comprobar que Nehemías no es igual que los otros gobernadores (véase Nehemías 5:14-18). En vez de buscar su interés personal, está interesado en el de ellos. Su genuina preocupación por el pueblo los llena de confianza en su gobierno.

Hace algunos años, un joven fue nombrado para la posición de pastor auxiliar de una iglesia en el medio oeste norteamericano. Cuando se reunió con la junta, se le pidió específicamente que mejorara el departamento de educación cristiana de la iglesia. A las dos semanas de su nombramiento, estaba enemistado con todos los maestros. Sus ásperas maneras no allanaban el camino hacia una relación de cooperación. Sus críticas y su desprecio por los métodos de enseñanza del personal en la Escuela Dominical eran evidentes: «*Quiero* que todos *mis* maestros tomen cursos para refrescar sus conocimientos y mejorar su capacidad». Todo ello trajo por consecuencia que la mayoría se resistieran a sus ideas.

Si este joven pastor hubiera comenzado su trabajo valorando inicialmente la situación, reconociendo el estado de ánimo de la Escuela Dominical y tratando a sus maestros como iguales, quizá estaría aún en dicha iglesia. Con su comportamiento, su estadía fue misericordiosamente breve.

Las metas

Nehemías era un líder sabio. Sabía que los objetivos señalados para el pueblo debían ser posibles de alcanzar. Si ponía metas muy altas y ellos no eran capaces de cumplirlas, se sentirían desanimados y perderían confianza en su líder. Por ello, su exhortación va acompañada de aliento: «Les declaré cómo la mano de mi Dios había sido buena sobre mí». También les explicó todo lo acontecido en Babilonia y como el Señor no solo le había abierto el camino para venir a Judá, sino que le había provisto también los materiales para la reconstrucción de la muralla. También compartió con ellos las nuevas del decreto del rey que enmendaba la anterior prohibición (Esdras 4:17- 22). Al apartarlos de sus temores anteriores, orientó sus mentes hacia el Señor, y lo que estaba haciendo por ellos.

Este restablecimiento de la confianza fue muy alentador para aquellos judíos. Se dieron cuenta que Dios estaba nuevamente a su lado, su entusiasmo estalló y respondieron: «*levantémonos* y edifiquemos».

La forma en que Nehemías maneja la situación en Jerusalén nos muestra lo esencial que es una buena motivación. La significación de lo que Nehemías había logrado puede constatarse en el hecho de que por noventa años el pueblo se había mantenido diciendo: «No puede hacerse». Ahora está unido y presto a comenzar el trabajo de reconstrucción de las defensas de la ciudad.

Este nuevo celo se podía haber disipado rápidamente si Nehemías no hubiera sido capaz de ponerlos a trabajar de inmediato. Es probable que tuviera todas las cosas tan a la mano, que el pueblo pudo comenzar sus labores de reconstrucción sin dilación de ninguna clase. Tan entusiastas se mostraron los moradores de Jerusalén, que el líder pudo concluir esta sección de sus «memorias» diciendo: «Así esforzaron sus manos para bien».

Una alianza formidable

Como en todo trabajo para el Señor, cuando una persona o un grupo comienza algo para la gloria de Dios, la oposición se halla a solo un tiro de piedra de distancia. La noticia de lo que Nehemías estaba haciendo, viajó con rapidez. Cuando Sanbalat horonita, Tobías el, siervo amonita y Gesem el árabe, oyeron hablar de los trabajos de reconstrucción, se burlaron de los judíos y con manifiesto desprecio dijeron: «Qué es esto que hacéis vosotros? ¿Os rebeláis contra el rey?»

Una insinuación de este tipo, expresando que los judíos se rebelaban contra Artajerjes, había sido motivo suficiente con anterioridad para detener los trabajos en Jerusalén (Esdras 4:13). Los enemigos de Samaria usaban la misma estrategia de nuevo, conociendo bien que un pueblo débil y desmoralizado está pronto a rendirse ante las amenazas. Pero no tuvieron en cuenta a Nehemías. Antes de que los judíos pudieran reaccionar, el líder les dio su respuesta (Nehemías 2:20). Esta era firme y digna. A los ojos de los hombres de Samaria, los judíos podían aparecer como débiles e insuficientes para la tarea emprendida. Sin embargo, la confianza de que ellos hacían gala no era en ellos mismos, sino en el Señor. Con esta seguridad, las burlas y los insultos de los enemigos no eran capaces de afectarles. El pronunciamiento inmediato de Nehemías puso todas las cosas en una perspectiva totalmente nueva. «Porque vosotros», dijo él, «no tenéis parte ni derecho ni memoria en Jerusalén». Esto era algo que ellos no esperaban. Y así los hombres que habían venido para interrumpir los trabajos, retornaron a los que los habían enviado, interiormente turbados y portadores de desconcertantes noticias.

Debe puntualizarse que en su respuesta, Nehemías muestra a la vez coraje y discreción. En forma audaz se enfrenta con aquellos que intentan obstaculizar lo que está haciendo, pero a la vez evita hábilmente enfrascarse con ellos en un fuerte debate. Rechaza toda clase de discusión y expresa cuál es el fundamento de su confianza: «El Dios de los cielos, él nos prosperará». Enfatizando la naturaleza espiritual de su tarea, le da una nueva dimensión a la labor que están realizando. Dicha perspectiva lleva la responsabilidad del éxito fuera de las manos de los judíos. Mientras Jerusalén sea un baldón para el pueblo, también lo será para Dios. Ya que este trabajo es obra de Dios, sus siervos se levantarán para reconstruir la ciudad.

No resulta difícil imaginar la admiración del pueblo judío por Nehemías. En un solo encuentro ha puesto en fuga a sus peores enemigos.

Tras el escritorio del administrador

Todos en un momento u otro cambiamos de trabajo, de pastorado, o se nos ofrece algún ascenso. Cuando esto sucede, la dinámica *externa e interna* comienza a operar. La forma en que Nehemías se condujo cuando tomó sus nuevas responsabilidades, alentando, motivando y exhortando al pueblo a la vez que trataba con sus enemigos, contiene importantes principios para todos nosotros. Nos muestra cómo manejar las fuerzas externas que encaramos. A algunas personas, sin embargo, el ascenso se les sube a la cabeza y se tornan rudas y autoritarias en sus actitudes. Otras, por el contrario, se muestran temerosas de ofender o agraviar a aquellos con quienes van a trabajar. También hay quienes sienten que no podrán subsistir sin la aprobación de sus iguales.

Nehemías nos da en este caso un ejemplo muy necesario, en cuanto a la dinámica externa, *comprobó cada una de las cosas*, para que sus decisiones se basaran sobre hechos concretos. *Estimuló el interés de sus subordinados* y con toda sabiduría no les dio detalles sobre su plan y sus intenciones hasta que no estuvo listo para actuar. Entonces *convocó a una reunión pública* y le brindó a cada uno la oportunidad de oírlo personalmente y de influir recíprocamente con sus ideas. *Exhortó al pueblo* a realizar el tipo de trabajo que debía ser hecho, lo *motivó* para que iniciara la tarea y finalmente lo *alentó* asegurándole el éxito.

Es muy probable también que Nehemías esperara una crisis. Él no era tan cándido como para pensar que sus ideas les habrían de agradar a todos. Si es así, entonces sabía que más tarde o más temprano debía esperar oposición por parte de los de Samaria.

Todos estos factores, sin embargo, son externos, y el éxito está basado tanto en la fortaleza interna como en la estrategia externa. De fundamental importancia resulta por ello la forma como Nehemías maniobró frente a los conflictos internos.

El problema de los conflictos internos es doble. Antes que nada, la persona designada para la nueva posición debe tener conciencia de que los conflictos son internos; en segunda instancia tiene que asegurarse de que sus acciones están basadas en la realidad. De no ser así se encontrará constantemente tomando y retirando decisiones. El resultado de todo esto será tan solo confusión para él y para el personal bajo su mando.

Muchos administradores y líderes de las iglesias tienden a considerar esos conflictos internos como ajenos a ellos. Una persona que comprueba que no está operando en una forma eficiente, trata de buscar de inmediato una explicación en el medio externo donde está funcionando. Culpará a los administradores superiores o a la junta de la iglesia por su fracaso o se excusará alegando que no se delegó en su persona suficiente autoridad. Quizá afirme que la ayuda que le han dado ha sido insuficiente y que ello le ha impedido realizar el trabajo o preparar sus mensajes. En realidad, el problema de estas personas debe ser más bien interno. El fracaso puede ser resultado de la ansiedad producida por el nuevo cargo (como líder, responsable de producción, etc.) y la ansiedad ante la competencia (sensación de inferioridad).

La ansiedad por la posición, tiene lugar cuando un joven es promovido y encuentra de improviso que ha perdido su anterior popularidad. Esta pérdida de estimación lo afecta de diferentes formas. Los que eran sus antiguos supervisores, lo consideran ahora como un competidor más. Los que anteriormente eran sus iguales en el trabajo se ven ahora sujetos a su supervisión. Si la dinámica interna del nuevo líder es tal, que necesita aceptación, experimentará ansiedad en su nueva posición y puede que trate de minimizar su responsabilidad y no dar mucha importancia a su autoridad. Si tal cosa sucede, está en camino de mayores problemas.

Al examinar el cambio de posición de Nehemías, encontramos que el favorito de la corte de Artajerjes dejó la seguridad del palacio por las pruebas y privaciones del gobierno de un pueblo maltratado y tiranizado.

Sin embargo, no confundió ni trató de olvidar el cambio ocurrido en sus responsabilidades. No se convirtió en un «complaciente» solo por lograr popularidad, ni disminuyó la importancia de su cargo por ganar aprobación. Él sabía muy bien que los que solo buscan popularidad o privan a su cargo de sus símbolos de autoridad, más tarde o más temprano pierden el respeto de sus colegas. Neutralizan su eficacia e inadvertidamente les brindan a sus empleados una imagen negativa de la recompensa que es alcanzar un puesto como el de ellos.

Sin embargo, en una gran mayoría de los casos, la expresión de ansiedad más común proviene del temor. Los que han sido elevados a posiciones de responsabilidad administrativa, temen las represalias que pueden surgir si tratan de afirmar su autoridad. Igualmente temen la oposición por parte de aquellos que tienen posiciones de responsabilidad a su mismo nivel. Algunas veces esta ansiedad se manifiesta cuando alguien es llamado para tomar posición en un asunto controvertido. El líder inseguro tiende a vacilar. Hablará en favor de ambos puntos de vista y recurrirá a la hiperactividad a fin de no dar el frente a los problemas difíciles.

Aquí de nuevo Nehemías sienta un ejemplo para nosotros. Él logró evitar el síndrome de temor, [2] porque su confianza estaba depositada en Dios. Cree que todos sus pasos fueron ordenados por el Señor (Salmo 37:23), y Él no permitirá que nada le acontezca, que no sea para su bien (compare con Romanos 8:28). Este tipo de confianza lo fortaleció al hacerse cargo de sus nuevas responsabilidades, comenzar las tareas de reconstrucción de los muros de la ciudad y enfrentarse a la oposición de sus enemigos.

Sin embargo, la ansiedad por el cargo es solo uno de los problemas que confrontan los cristianos cuando asumen una nueva posición de responsabilidad. La segunda manifestación se halla en el aspecto de la *competencia*. Para combatir este sentimiento es absolutamente necesario que el nuevo pastor o administrador tenga un penetrante sentido de la realidad que incluya tanto las verdades espirituales como las corporales. Debe prepararse para el juego de las concesiones recíprocas al tomar decisiones y resolver los problemas. Aunque se hablará más de estas características en nuestras consideraciones sobre Nehemías 4 y 5, los principios básicos sobre como enfrentar la oposición, aparecen en esta sección.

Cuando analizamos más profundamente esta situación, vemos que aquellos que están en posiciones de responsabilidad experimentan ansiedad por la *oposición* o la *competencia* por dos razones principales: el temor a fracasar y el temor a triunfar.

El temor a fracasar nace generalmente de un sentimiento de inferioridad. La persona estima que carece de capacidad y como resultado de ello su identidad es débil. Con relación a esto cabe destacar que cuando Nehemías se hizo cargo de su nueva labor, su confianza en el Señor le aseguró el éxito. Usando las palabras del Apóstol Pablo, Nehemías tuvo «denuedo en nuestro Dios ... en medio de gran oposición» (1 Tesalonicenses 2:2). Él sabía que el temor al fracaso podía superarse solo encontrando su identidad en el Señor (esto es, su fortaleza personal). Por esta razón, puso las bases de su realidad en el Dios inmutable. Hecho esto, era capaz de ajustarse a los problemas que le esperaban.

Pero, ¿qué decir en cuanto al *temor al éxito*? El éxito en sí, no es malo. Es el desordenado deseo de avanzar el que guía finalmente al fracaso. En *Macbeth*, Shakespeare usa al rey de Escocia para mostrarnos el temor que produce el éxito. En el caso de Macbeth, era el sentido de culpabilidad por sus fechorías anteriores lo que le hacía sospechar que los demás estaban conspirando contra él. El espectro del asesinato del rey anterior, cometido por él, lo rondaba en forma obsesiva. Como resultado de todo ello, confiaba en pocas personas. Sus más poderosos subordinados eran los más sospechosos y su gobierno se centraba en aquellos menos capacitados para guiar a otros.

Cuando Nehemías se hizo cargo del gobierno, sabía que estaba recibiendo un nombramiento divino (ver Salmo 75:6,7). No creía que su éxito tuviera que ser a expensas de otros. Como consecuencia de ello, no se sentía repleto de sentimientos de culpa y su concepto de la realidad no estaba distorsionado. Más tarde, como veremos en el capítulo 11, (Nehemías 7), nombró dirigentes a las personas más capaces que pudo encontrar. No hizo como Macbeth, que ponía en los lugares de responsabilidad solo a aquellos que no significaran una amenaza para su posición.

Por su fuerte personalidad, Nehemías pudo tomar las riendas del poder en Jerusalén sin tener que tratar de impresionar al pueblo con despliegues de popularidad o expresiones de amabilidad. Nehemías no tenía temor al fracaso ni miedo al triunfo. Su liderazgo fue siempre ejercido desde una posición de firmeza. Esta firmeza tenía su fuente en la fortaleza espiritual que había desarrollado a través de los años. Con tal dinámica en su interior, y a la vez penetrando en todo lo que participaba, no debemos sorprendemos de que pudiera enfrentarse a una tarea aparentemente insuperable, motivara a un pueblo desmoralizado y controlara triunfalmente la oposición, todo ello con ecuanimidad y facilidad.

---

[1] El hecho aparece corroborado por los papiros de Zenón y por las ruinas de palacios y tumbas halladas en «Araq el Emir» en Jordania.

[2] El temor será estudiado en el capítulo 8.

CAPÍTULO 4

La fórmula del éxito

Nehemías 3

Es interesante leer acerca de las fórmulas que han usado diferentes personas para tener éxito. Algunas insisten en la necesidad de trabajar arduamente, en tanto que otras hacen hincapié en la importancia de la integridad. Hay quien filosofa acerca de las relaciones interpersonales, mientras que otro teorizará acerca de las soluciones a los problemas, la fijación de metas o el adiestramiento en el mismo trabajo. Muy rara vez existirá acuerdo alguno al respecto.

En vista de la incertidumbre reinante, es bueno que veamos que Dios nos presenta los principios básicos del éxito en Nehemías 3. El capítulo es fácil de analizar. Cada párrafo aparece estructurado con relación a cada una de las puertas de la ciudad. Sin embargo, el mensaje de dicho capítulo no es muy fácil de entender. Muchos escritores han intentado sacar una lección espiritual del significado real (o imaginario) de cada puerta. Otros se han fijado en los nombres de las personas. Todo el mundo está de acuerdo en que los nombres hebreos tienen gran significación. Desafortunadamente, no sabemos lo suficiente ni del significado de dichos nombres ni de la personalidad de los que los llevaban, para poder determinar la importancia que los mismos puedan tener. En vista de la duda reinante, la mayoría de los comentaristas modernos, limitan sus observaciones a las características materiales de la ciudad. Otros ignoran el capítulo enteramente.

El problema que confrontamos al examinar este capítulo con su larga lista de nombres, es que nos sentimos tentados a volver la página y continuar el relato en Nehemías 4. ¡No obstante, este capítulo es uno de los más importantes de todo el libro! Al observar los pronunciamientos que se repiten, aparecen a la vista ciertos principios vitalmente importantes. En ellos aprenderemos el secreto del éxito de Nehemías.

A cada cual lo suyo

El primer principio para el logro del éxito, puede verse en la *coordinación* que Nehemías alcanzó. La pista la encontramos en la repetición de la frase «junto a ellos» y otras similares (Nehemías 3:2 ss.), a todo lo largo del capítulo. Durante esos tres días que Nehemías permaneció en Jerusalén, debió haber planeado su estrategia muy bien. Sabía ya donde cada persona o grupo de ellas debía trabajar y asignó a los hombres de Tecoa, Gabaón, Jericó y Mizpa etc., a secciones de la muralla donde no había habitantes de la ciudad cerca.

El solo hecho de que estas frases se repitan tan a menudo, nos ofrece otra verdad adicional. Cada persona sabía dónde debía estar, cual era su responsabilidad y lo que se esperaba de ella. Algunos de esos trabajadores tenían la obligación de reconstruir su sección de los muros desde los mismos cimientos, en tanto que otros solamente tenían que realizar reparaciones. Sin tomar en cuenta si estaba construyendo desde abajo o simplemente reparando lo existente, cada uno de ellos tenía plena conciencia de la tarea asignada a él. En toda la obra existía una plena coordinación de esfuerzos.

Hay un segundo grupo de frases repetidas que aumentan nuestro conocimiento sobre el principio de la coordinación. Esto puede verse en las palabras «a la entrada de la casa», «frente a la casa», «enfrente de su casa», etc. (Nehemías 3:21-23,28-30). Al señalar la importancia de esto, vemos que Nehemías se aprovechó de las facilidades. Con estas disposiciones, no tenía que mantener a la gente moviéndose todos los días de un lugar a otro de la ciudad.[1] Eso hubiera traído una pérdida de tiempo y reducido la eficacia de la labor. De la misma manera hubiera dificultado la alimentación de los trabajadores. Y en última instancia, en caso de un ataque [2] enemigo, la preocupación de cada persona lógicamente habría sido por su familia. Si estaban en otro lugar distante de Jerusalén, no podían defenderla. Al disponer que cada individuo trabajara cerca de su propia casa, Nehemías les facilitó inicialmente dónde trabajar, ser sustentados y tener proximidad para defender a sus seres queridos en caso necesario. Esto liberaba a cada trabajador de una ansiedad innecesaria y aseguraba en cada uno el máximo esfuerzo. B. C. Forbes, estuvo muy acertado al decir que la palabra *éxito* se podía deletrear «c-o-o-r-d-i-n-a-c-i-ó-n». «Si el todo progresa, el obrero, como parte de ese todo, también progresará y se hará activo, eficiente y emprendedor», dice en una observación digna de tener en cuenta.

Pocas personas pueden apreciar la importancia de la coordinación, hasta que se ven envueltas en el caos que existe sin ella. Un amigo mío aceptó la posición de superintendente de distrito de su denominación religiosa. Durante los años anteriores, las cosas habían marchado muy mal. Las donaciones para misiones habían mermado en gran manera, las recaudaciones y los presupuestos iban en caída vertical y algunas de las iglesias incluso ya habían cerrado sus puertas. No pasó mucho tiempo sin que mi amigo comprobara que existía una ausencia total de comunicación entre la oficina central y las iglesias. También existía un fallo por parte de los pastores de las iglesias, que se negaban a cooperar unos con otros. Tuvo que comenzar por regular y armonizar los esfuerzos de todos los envueltos en la obra. Esta tarea no era fácil, pero una vez lograda, los resultados fueron altamente notables. Su experiencia probó que no puede existir un progreso duradero sin una adecuada coordinación.

Este principio se mantiene válido en los negocios y la industria, en las iglesias y los hospitales, en la escuela y en el hogar. En su autobiografía, Bernard L. Montgomery, nos cuenta de su experiencia cuando tomó el comando del Octavo Ejército en el norte de África, durante la Segunda Guerra Mundial. Encontró a los hombres desmoralizados y faltos de cohesión. Su primera labor fue tratar de animarlos con el dinamismo de su propia persona y después coordinar sus actividades. El resultado de esta estrategia es sobradamente conocido. Cambió la suerte de la guerra.

El fundamento de todo liderazgo eficaz radica en la coordinación apropiada de las actividades de todos los comprometidos en la empresa.

El esfuerzo conjunto

El segundo principio del éxito en el liderazgo, lo encontramos en la cooperación que Nehemías obtuvo. Hombres de diferentes lugares y diferentes medios de vida, puestos a trabajar juntos en las murallas. Entre estos había sacerdotes y levitas, dirigentes y pueblo común, porteros y guardas, labradores y «profesionales», orfebres, farmacéuticos, mercaderes servidores del templo y mujeres. Los sacerdotes podían haberse eximido de responsabilidades alegando su especial dedicación a las cosas sagradas. Es para su buen nombre decir que tomaron la iniciativa en el programa de reconstrucción (Nehemías 3:1). De forma muy parecida, los orfebres podían haberse excusado de trabajar. Después de todo, ellos realizaban labores muy delicadas y difíciles que nada tenían que ver con el rudo trabajo de colocar piedras y ladrillos. Su voluntad de cooperar con los demás es merecedora de elogios.

Es igualmente interesante notar que ciertos jóvenes solteros contribuyeron en los trabajos de reedificación[3] aunque no tenían ni esposa ni hijos que proteger (Nehemías 3:23). También estaban allí los gobernadores de los dos distritos de Jerusalén, quienes voluntariamente dejaron sus cómodos puestos para ir a laborar hombro con hombro con las clases trabajadoras de la ciudad. Todos trabajaron sin rivalidades ni resentimientos. Al hacer sus recorridos, Nehemías tal vez no podría ayudarles, por razón de sus obligaciones, pero vio que uno de los funcionarios nombrado Salum era auxiliado en sus tareas por sus dos hijas. Este hecho es a la vez interesante e importante. Las mujeres son mencionadas muy raramente en el Cercano Oriente y cuando sus actividades son consignadas en la Biblia, esto indica algo muy significativo. Estas jóvenes demostraban que ellas no temían realizar labores usualmente asignadas a los hombres.

También estaban presentes en estas labores los hombres de Jericó, Tecoa, Gabaón, Mizpa, Bet-sur y Keila. Ellos tenían poco que ganar con la fortificación de Jerusalén y podían haber usado sus propias preocupaciones para eludir trabajo que tan poco les beneficiaba. Existían además diferentes clases de trabajadores pertenecientes a las hermandades o gremios. Si sus «uniones» o sindicatos hubieran sido similares a las que existen en nuestros días, hubieran tenido que hacer huelga, puesto que Nehemías no estaba pagando los salarios mínimos.

Los países que se han convertido en grandes naciones, lo han logrado porque su gente tenía la convicción de que si un trabajo era digno de hacerse, debía ser bien hecho, y que la diligencia de un hombre, su satisfacción en la realización del trabajo y su dedicación al mismo, eran todas ellas cualidades del carácter que debían ser altamente admiradas. Debemos retornar a esta perspectiva y a los ideales que originaron la misma.

Además de esto, las personas que trabajan en organizaciones caritativas y son líderes de las iglesias se lamentan frecuentemente por la calidad y cantidad del trabajo realizado por los voluntarios. Nehemías, sin embargo, tuvo la habilidad de motivar a los residentes de Jerusalén y sus alrededores, no solo para dedicar su tiempo al trabajo sino para hacerlo lo mejor posible. Y todos laboraron con voluntad y buena disposición, «porque el pueblo tuvo ánimo para trabajar» (Nehemías 4:6).

Es importante para nosotros saber que Nehemías no tuvo un éxito absoluto en su misión. Los grandes de Tecoa «no se prestaron para ayudar a la obra del Señor» (Nehemías 3:5). Sin embargo, él no permitió que la obstinación de este grupo interfiriera con su optimismo. Trabajó con aquellos que estaban dispuestos a doblar sus espaldas en el arduo empeño y alcanzó una victoria que todos consideraban imposible.

Los voluntarios de Jerusalén sientan un importante ejemplo. Todos funcionaron en forma coordinada en sus actividades. Todos los interesados trabajaron juntos para reconstruir los muros. Además, la cooperación lograda por Nehemías puso de manifiesto hasta qué punto él era capaz de unificar este grupo tan heterogéneo. Todos trabajaron por un objetivo común.

La dimensión vital

Un tercer principio del éxito de Nehemías, podemos hallarlo en la forma elogiosa en que habla de cada uno de sus trabajadores. Lo realizado por él es de particular significado para nosotros hoy.

Vivimos en una época de total despersonalización. Las compañías a las que les compramos sus productos, están más interesadas en identificarnos para que no haya engaños y en el estado de nuestro crédito personal, que en la calidad y la garantía de sus productos. Para el Servicio de Contribuciones Internas no somos mas que un número y para el Buró del Censo, apenas una estadística. Todo esto produce una pérdida de identidad. Empezamos a dudar de nuestra propia valía y después de algún tiempo, nos damos cuenta de que, si por alguna razón dejamos de asistir a nuestro trabajo o nos caemos muertos, muy pocos van a notar nuestra ausencia.

En este capítulo Nehemías nos manifiesta en forma tácita la necesidad de interesarnos por nuestros subalternos. Ello queda evidenciado en su conocimiento de los nombres de todos aquellos que trabajaban en la reconstrucción de los muros y las puertas. También conocía con toda precisión el lugar donde estaban asignados, así como la labor que realizaban. Él trataba a esos subalternos como personas y no como cosas. Ellos conservaban su propia valía y no estaban allí para ser explotados.

Cada uno de nosotros necesita tener el convencimiento de que sirve para algo. Si reconocemos esta necesidad humana al tratar con los demás y les mostramos aprecio y consideración con nuestra actitud, tendremos una armonía mayor con ellos. El reconocimiento del esfuerzo sincero de las personas es una de las claves del éxito en las relaciones humanas.

Nehemías usaba esta clase de alabanza para enriquecer el tipo de vida de sus trabajadores. Estaba totalmente identificado con ellos y siempre dispuesto a animarlos cuando las cosas marchaban mal. Sabía bien que el trabajo de un hombre forma parte esencial de su vida. Esto es cierto no solo porque sea el medio de ganar el pan (los obreros de Nehemías eran todos voluntarios), sino porque el trabajo del hombre le da posición en la comunidad y lo agrega a su sociedad. Sabía que un obrero feliz en su trabajo, confiado en sus superiores y capaz de colaborar con el resto de sus colegas, difundiría su estado de ánimo a través de todo el grupo.

El conocimiento que tenía del esfuerzo de los demás es digno de atención. Nos percatamos de ello en una expresión que se repite: «restauraron otro tramo» (Nehemías 3:11,19-21; 24-27,30). Estaba siempre pronto a apreciar el celo y la diligencia de aquellos que se ocupaban en la obra. De muy particular significación fue el esfuerzo de los hombres de Tecoa (3:5,27). Sus líderes se opusieron a lo que Nehemías estaba haciendo, pero el pueblo sin embargo se sintió inspirado por su ejemplo. Trabajaron en forma diligente y cuando la primera fase asignada fue concluida, repararon otra sección del muro. Estos obreros eran más que simples estadísticas para Nehemías. Eran personas con individualidad propia, y por dicha razón muy importantes para él, por lo que cada uno era, más que por lo que hacía.

El reconocimiento de un líder crea en los subordinados un sentimiento de lealtad. Se sienten seguros, y esta sensación es necesaria cuando las dificultades se levantan en el camino o cuando las presiones económicas se hacen sentir (Nehemías 4 — 6).

Continuando con esta fase del reconocimiento personal, podíamos esperar con buena lógica que Nehemías elogiara a Hanún y a los moradores de Zanoa que repararon mil codos de muralla a la vez que sus puertas y cerraduras (Nehemías 3:13). Pero junto a ellos estaba Malquías, quien trabajando solo, reparó la puerta del Muladar (3:14). Nehemías no permitió que la cantidad de los logros alcanzados por unos le impidiera el reconocimiento a favor de otros.

Cuando pensamos acerca de estos agradecimientos públicos de las labores por parte de Nehemías, podemos preguntarnos: ¿Bueno, pero dónde trabajaba él? ¿Qué hacía? Esto Nehemías no lo menciona. Él no se cuenta entre estos que continuamente están empujándose hacia un primer plano a fin de obtener elogios de los demás. Él reconocía que en una empresa bien administrada, un buen líder siempre tiene que cargar con un poco más de culpa y algo menos de crédito. Se sentía feliz dando a otros los lugares preferentes y muy sabiamente, se mantuvo en un segundo plano a través de todo su período de gobierno.

Asunto concluido

Otro principio de liderazgo exitoso puede ser visto en el hecho que cada persona terminó la tarea que le había sido asignada. Las palabras «edificados» y «restaurados» aparecen en tiempo pretérito. Cada obrero se mantuvo activo. Sabía lo que se esperaba de él. Trabajó en su lugar señalado y terminó el trabajo encomendado a él.

Todo esto suena poéticamente sencillo: coordinación... cooperación... exaltación... y conclusión. ¡Lo es! Pero existe una dimensión adicional: la *comunicación*. Esta comprende las instrucciones dadas a cada trabajador, de manera que sepa perfecta y claramente lo que tiene que hacer y dónde debe hacerlo, y la delegación de autoridad, de manera que las decisiones no tuvieran que ser tomadas constantemente por el que dirigía la obra.

Richard J. Wytmar, escribiendo en la revista *Automotion*, señala que «uno de los rasgos más universales del líder exitoso es la sencillez. Por esto se entiende la capacidad de reducir los problemas a su exacta dimensión y explicar las mas complejas situaciones en los términos más sencillos que sea posible. Es el arte de usar palabras, gestos y conductas de tal forma que sean comunes y comprensibles para todos y por esa razón fácilmente comunicables».

Nehemías coordinó sus actividades dividiendo la muralla en cerca de cuarenta grupos diferentes. A cada persona le fue asignada una sección de los muros. Dividiendo el trabajo en secciones, él sería capaz de supervisar la labor y comunicarse con cada sección a su debido tiempo. Lo que originalmente aparecía como situación compleja, se convirtió en algo muy sencillo al ser reducido a porciones. Del capítulo 2:17-20, sabemos que Nehemías le hablaba al pueblo en una forma sencilla y comprensible. Sus instrucciones, dirigidas a tan diferentes clases (con tan variadas experiencias) sobre la forma de edificar los muros, debieron ser fáciles de comprender.

Debemos agregar a todo esto la delegación de autoridad. Cada persona fue capaz de asumir completa responsabilidad por su sección de la muralla. Los grupos de trabajadores tenían un jefe de sección (por ejemplo, Hanún con los moradores de Zanoa (Nehemías 3:13), los levitas restauraban bajo la dirección de Rehúm (3:17, etc.). Así el poder para tomar decisiones fue delegado en los jefes de cada grupo. Si esta no hubiera sido la práctica de Nehemías, se habría visto enfrascado en minúsculas decisiones que le habrían impedido coordinar las actividades de todos los grupos.

En última instancia, Nehemías triunfó porque estaba correctamente orientado hacia los empleados y siguió los importantes principios básicos de todo liderazgo eficaz. Supo coordinar los esfuerzos de los trabajadores, aseguró la cooperación de los diferentes grupos, hizo público reconocimiento de todos los esfuerzos sinceros, cuidó que cada tarea fuera satisfactoriamente terminada y estableció con todos una adecuada comunicación.

Estos principios de liderazgo exitoso pueden ser aplicados en cualquier encomienda o trabajo que el Señor nos señale. Igualmente son de aplicación, tanto en la política y el comercio como en la educación y las misiones, en la empresa privada y en la gran industria. Siguiendo la fórmula de éxito de Nehemías, podemos sentar las bases de nuestro propio liderazgo.

La sicología del líder eficiente

La sociedad tiene en gran estima a aquellos individuos que tienen capacidad para guiar a otros. Cada día se realizan más esfuerzos en la «búsqueda de ejecutivos» y en el «desarrollo de la administración». Las posiciones claves son anunciadas continuamente en el comercio y la industria, el gobierno y el servicio civil, todas ellas esperando con los brazos abiertos al hombre apropiado con ese «algo» místico del liderazgo.

Pero, ¿dónde pueden encontrarse los líderes? O poniendo las cosas en una perspectiva mejor, ¿qué buscar en quienes han de guiar a otros? Hace algunos años, los diversos psicólogos dedicaban considerable tiempo y dinero a evaluar las cualidades personales de los líderes. Las características tabuladas por esos investigadores resultaban un tanto arbitrarias y la falta de conformidad entre ellos solo condujo a una confusión mayor. Hacer énfasis en la personalidad del líder, es tratar un solo aspecto del problema. ¿Qué decir acerca de la situación misma, la gente con quien el líder trabajó, las presiones con las que se enfrentó y los problemas que tuvo que resolver?

No pasó mucho tiempo sin que la personalidad del seguidor del líder también fuera considerada conjuntamente con la de este. En este estudio se destacó la importancia de unas relaciones humanas eficientes.

En un artículo de una revista bancaria, William T. Hocking y Robert M. Wald, expresaron que «el alto ejecutivo de éxito debe ser entrenado en forma profesional en la dinámica humana y el liderazgo, tanto si llega a esa posición superior ejecutiva a través de la administración general o de una especialidad... También debe saber planificar a corto y largo plazo y ser capaz de poner en efecto sus planes».

El mantenimiento de una interrelación personal eficiente era uno de los puntos fuertes de Nehemías. La magnitud de su capacidad puede ser medida por el número de grupos y la diversidad del personal que él supo unir. No solo los hizo trabajar, sino que los mantuvo trabajando armoniosamente a pesar de los diferentes estados sociales, orígenes geográficos y ocupaciones profesionales.

Los investigadores modernos, en sus estudios sobre los líderes y sus problemas han empezado finalmente a enfocar su atención en las diferentes clases de líderes, según sus responsabilidades. Dos características principales emergen de esa indagación: el *especialista en tareas* y el *experto socio-emocional*.

El *especialista en tareas* organiza el grupo, señala las metas a cumplir y dirige las actividades para el logro de los objetivos. El e*xperto socio-emocional* mantiene la moral del grupo, preserva la armonía y a menudo interviene para aminorar las tensiones entre los empleados.

El *especialista en tareas*, según comprobaron los investigadores, estaba emocionalmente más distantes de los miembros del grupo, que el *experto socio-emocional. Generalmente actuaba muy bien en situaciones que requerían conocimientos sobre organización y capacidad para mantener la distancia emocional. A su vez, los líderes social-emocionales* se desempeñaron bien en diferentes planos, particularmente cuando el funcionamiento eficiente dependía de que se establecieran relaciones personales constructivas. En el terreno de lo ideal, ambas funciones deberían ser llevadas a cabo por una sola persona, pero no todos los líderes tienen capacidad suficiente para desempeñar ambos papeles.

Nehemías era capaz de actuar en ambas capacidades, es decir, como *especialista en tareas* y también como *experto socio-emocional*. En Nehemías 2:17-20, lo vemos fijando las metas y al mismo tiempo motivando a los habitantes de Jerusalén para trabajar unidos a fin de lograr el propósito señalado. Es un buen especialista en tareas y todos sus conocimientos sobre organización aparecen aplicados al logro de los objetivos propuestos. En el capítulo 3 lo vemos en un papel doble. Aparece íntimamente identificado con los trabajadores, al tiempo que les asegura que ellos son capaces de actuar con toda eficiencia. En el capítulo 5 lo veremos como el experto socio-emocional, interesado en los problemas de aquellos que laboraban en la reconstrucción de los muros y ofreciendo soluciones satisfactorias.

Después de que la muralla fue edificada y el trabajo de consolidación comenzó, Nehemías señalaría nuevos objetivos diferentes y se convertiría en un eficiente administrador.

El punto permanente a destacar en lo anteriormente examinado es que un considerable número de personas que se hallan en las más altas posiciones ejecutivas del mundo de los negocios y la industria fracasan lastimosamente porque no son capaces de cambiar de función o de cargo en la forma en que Nehemías lo hizo. Por ejemplo, el hombre que cinco años atrás empezó una compañía de la nada y ahora es el presidente de su junta ejecutiva, pudiera encontrarse con que no es capaz de mantenerla funcionando en forma coherente. Cargará la culpa de sus infortunios a los cambios económicos imprevistos o excusará su ineficiencia «porque no se puede conseguir un personal de confianza en estos tiempos». En realidad, lo que la compañía necesita es un liderazgo diferente, una nueva flexibilidad. El fundador trabajó muy bien cuando tenía que actuar como especialista en tareas, pero resultó un fracaso total como experto socio-emocional.

Nehemías se conocía a sí mismo; conocía a la gente. Había desarrollado la capacidad necesaria para cambiar de un papel a otro y como resultado, triunfó donde otros habían fracasado.

---

1 Los únicos trabajadores que viajaban eran los que vivían fuera de Jerusalén.

2 Nehemías 4 — 6 trata de la serie de crisis que se originaron mientras la reconstrucción de la muralla estaba en marcha.

3 Mesulam, hijo de Berequías realizó reparaciones «frente a su cámara», es decir una vivienda de un solo cuarto. Este no era soltero, porque en Nehemías 6:18 se indica que tenía una hija en edad matrimonial. Probablemente vivía fuera de Jerusalén, y dejó a su esposa en la casa cuando los trabajos lo llevaron a la ciudad.

CAPÍTULO 5
Un dilema frecuente

Nehemías 4:1-6

Hace algunos años, A. J. Murphy enunció su famosa ley: «Si hay alguna oportunidad de que algo vaya mal, podemos estar seguros de que irá mal».

En los negocios mundanos y en nuestro trabajo para el Señor, las cosas pueden «ir mal» por razones internas o externas. Una de dos: o somos inadecuados para el trabajo y no planificamos como debíamos, o hay fuerzas externas que se interponen y no las podemos controlar. La forma en que nos enfrentamos a tales problemas, revela el calibre de nuestro liderazgo.

En nuestra evaluación de la manera en que Nehemías reedificó las murallas de Jerusalén, lo encontramos tomando la responsabilidad de una tarea que nunca antes había intentado. Desde un punto de vista «interno», hizo todo lo que se esperaba de su gestión. Se preparó para las nuevas responsabilidades, supo lo que se esperaba de él e hizo las necesarias provisiones para sus necesidades. Si solamente tomásemos en cuenta la información contenida en el capítulo 3 como guía, podríamos llegar a la conclusión de que, como resultado de su capacidad organizativa, el trabajo en los muros marchó adelante sin ningún tipo de contratiempo. La oposición, sin embargo, surgió de una parte que Nehemías no podía controlar. La forma en que se enfrentó a todas esas presiones externas es altamente instructiva.

Analizando la relación del capítulo 3 de Nehemías con los capítulos 4, 5 y 6, observamos que en el 3, Nehemías nos dice lo que sucedió: los judíos construyeron los muros. Los capítulos 4 al 6 detallan cómo fue realizada la construcción encarando una fuerte oposición.

El tipo de obstáculo al que Nehemías se enfrentó, es el mismo que nosotros encontramos hoy en día. En su actuación aprenderemos a controlar eficientemente las amenazas externas.

El predicamento humano

En los versículos iniciales de este capítulo, tenemos otra muestra de cómo Nehemías se mantuvo informado de todo lo que estaba sucediendo en Samaria. Se le comunicó que tan pronto Sanbalat supo de la reconstrucción de los muros, se puso furioso. En su cólera, hizo escarnio de los judíos[1] diciendo: ¿«Qué hacen estos débiles judíos? ¿Se les permitirá volver a ofrecer sus sacrificios? ¿Acabarán en un día? ¿Resucitarán de los montones del polvo las piedras que fueron quemadas?»

¿Pero porque era necesario que Sanbalat les hablara a las poderosas fuerzas políticas de Samaria de esta forma? ¿Cuál era la causa adecuada para justificar esta violenta explosión? Dicho en pocas palabras, «una Jerusalén poderosa significaba una Samaria en depresión». Una de las vías principales que unen el valle de los ríos Tigris y Éufrates en el norte, con Egipto en el sur y Filistea en el oeste, pasa a través de Jerusalén. Una vez fortificada y protegida la ciudad, su privilegiada situación geográfica

OPOSICIÓN A LA OBRA DEL SEÑOR		
Oposición externa 4	Oposición interna 5	Oposición externa 6
Naturaleza de la oposición		
1. RIDÍCULO *Recurso:* oración 2. AMENAZA DE VIOLENCIA *Recurso:* oración 3. DESALIENTO *Recurso:* reorganización y trabajo armado	AVARICIA Y OPRESIÓN *Recurso:* confrontamiento directo, restitución y oración	1. INTRIGA *Recurso:* firmeza varonil y oración 2. INSINUACIONES *Recurso:* rechazo directo y oración 3. INTIMIDACIÓN *Recurso:* conducta ejemplar y oración

habría de atraer todo el comercio y con ello desaparecía la supremacía económica de Samaria en la provincia situada «al otro lado del río».

Haciendo burla de los judíos, Sanbalat siguió inconscientemente un patrón de oposición que ha sido empleado a través de los siglos. Comenzó su diatriba con desprecio: «¿Qué hacen estos débiles judíos?» A través de su desdén, intenta rebajar la autoestimación del pueblo judío, debilitar la firmeza de su resolución y destruir su moral. Todos hemos encontrado alguna vez en nuestro camino a personas como Sanbalat. Pueden llegarse, por ejemplo, a la oficina de alguien que ha sido ascendido recientemente a un cargo de importancia diciendo: «Tú no vas a creer todas esas cosas que el jefe dijo de ti, ¿verdad?» O pueden descargar su frustración expresando: «Ellos te han dado esa posición mientras encuentran a alguien capacitado para ocuparla definitivamente». El resentimiento de tales expresiones nos sitúa inmediatamente a la defensiva y nos priva de gozo en lo que estamos haciendo. Al igual que Sanbalat, estas personas tratan de desanimarnos para que no seamos capaces de rendir al máximo.

Sanbalat continuó sus ataques y desde el principio lo vemos calumniar sutilmente las motivaciones de los judíos, al preguntar: «¿Qué hacen estos débiles judíos?» Está insinuando que hay motivos egoístas en la conducta del pueblo de Jerusalén. El altruismo de una persona como Nehemías no convenía con ninguno de sus patrones de conducta preconcebidos. Su actitud era la que corresponde a una persona de mentalidad mundana. Los individuos de este tipo no pueden entender que alguien trabaje para la gloria de Dios solamente. De la misma manera que Sanbalat se equivocó con las intenciones de los judíos, muchos incrédulos de nuestros días cometen el error de juzgar a los cristianos por las normas que se han fijado para ellos mismos.

La incapacidad de una persona del mundo para comprender la obra de Dios, aparece en las siguientes preguntas de Sanbalat: «¿Se les permitirá volver a ofrecer sus sacrificios?[2] ¿Acabarán en un día? ¿Resucitarán de los montones del polvo las piedras que fueron quemadas?» Con esto último el quería significar que el trabajo emprendido era muy grande para ellos y que no serían capaces de completar el proyecto e inaugurar las murallas. Lo habían intentado con anterioridad y habían fracasado. ¿Qué garantías de éxito tenían ahora?

La imposibilidad de la faena aparece bien detallada por el estado de los materiales. Cuando la ciudad fue saqueada y quemada por los babilonios, el fuego hizo que la mayor parte de los muros construidos con piedra caliza se desmoronaran. El abandono de esas ruinas por más de tres cuartos de siglo las hacía inservibles para cualquier tipo de reconstrucción. Al describir los obstáculos insuperables que había en el camino de los judíos, Sanbalat pensaba que serían incapaces de terminar los trabajos. Pero falló, al no tomar en consideración que eran un pueblo inspirado por un líder, que a su vez estaba motivado por Dios.

Siguiendo las sarcásticas explosiones de Sanbalat, Tobías tomó su turno para hacer mofa de los judíos: «Lo que ellos edifican del muro de piedra, si subiere una zorra lo derribará». La fantasía y la imaginación de Tobías son indudablemente muy sugestivas. Las zorras son rápidas, ligeras y ágiles. ¡Un muro tiene que estar muy pobremente construido para que una zorra lo eche abajo! La vivacidad de este comentario de Tobías, ha guiado a algunos comentaristas a pensar que Sanbalat y los hombres de Samaria se llegaron hasta Jerusalén y vieron a los judíos trabajando.

Si dichas palabras fueron pronunciadas al contemplar a los que trabajaban en los muros o si llegaron a oídos de los obreros mediante alguna «filtración» internacional, da igual, porque lograron el efecto deseado. Los constructores de la muralla se sintieron desmoralizados. Habían estado subordinados a los hombres de Samaria por tanto tiempo, que la esperanza se apagó en sus corazones, después de oír esos juicios.

¿Como reaccionaría Nehemías ante este nuevo acontecimiento? ¿Qué medidas podría tomar para contraatacar esta calumnia maliciosa?

La base de la confianza

Es muy instructivo saber que Nehemías, en primer lugar, llevó todo el problema ante Dios (Nehemías 4:4). Una refutación por su parte solo hubiera conducido a una discusión violenta. Al recurrir a la oración, Nehemías queda en libertad de expresar totalmente sus sentimientos. Como veremos, no suprime las emociones ni encierra la cólera dentro de sí mismo. De haberlo hecho, habría falseado su personalidad, deformado su sentido de la realidad y destruido sus relaciones con Dios. Los que sofocan sus sentimientos, lo hacen porque tienen una idea preconcebida de lo que la conducta cristiana debe ser. Esta es algunas veces diametralmente opuesta a los sentimientos. Al preocuparse por lo que otros puedan pensar de ellos, reprimen su dolor y como consecuencia se tornan amargados y rencorosos.

Nehemías, en lugar de encubrir sus sentimientos, recurrió a la oración. A juzgar por la forma en que logró inspirar al pueblo judío para la edificación, su oración, aunque personal, debió ser pública.

La oración tiene muchos efectos benéficos. No solo constituye una válvula de escape para nuestras emociones, sino que nos brinda la oportunidad de tratar el asunto con el Señor y obtener una nueva perspectiva de todo el problema. Si oramos sobre nuestras dificultades, encontraremos que nuestro enojo o resentimiento se disipará de inmediato. Si nos tomamos un tiempo para decirle a Dios las cosas que nos incomodan y alteran, no estaríamos tentados de murmurar sobre ellas con otras personas. La oración es una parte muy importante de la salud mental. Como el famoso médico e investigador Alexis Carrel observó: «He visto hombres en los cuales toda otra terapia había fracasado, levantarse de su enfermedad y de su melancolía por el sereno esfuerzo de la oración».

Al orar por su problema, Nehemías es guiado a reconocer nuevamente que su Dios es Omnipotente. La reconstrucción de los muros es un proyecto de ese Dios. La aceptación de esto quita toda la carga de la responsabilidad de los hombros de Nehemías.

Palabra y Espíritu

La naturaleza exacta de la oración de Nehemías, ha sido por largo tiempo una fuente de turbación y perplejidad para los cristianos: «Vuelve el baldón de ellos sobre su cabeza, y entrégalos por despojo en la tierra de su cautiverio. No cubras su iniquidad, ni su pecado sea borrado delante de ti» (Nehemías 4:4,5).[3]

¿Cómo podemos explicar esta áspera y vengativa oración? Es tan diferente a las enseñanzas del Señor Jesús (Mateo 6:9-13; Lucas 11:2-4), que Dios seguramente no espera que nosotros la usemos como modelo.

Algunos comentaristas han tratado de racionalizar su solución a este problema recurriendo al texto original. Dicen que los verbos usados son predictivos y no imperativos (constituyen una predicción, más que una petición). Esta explicación, sin embargo, falla cuando se la examina cuidadosamente. En primer lugar, el contexto es opuesto a dicha interpretación. En segundo lugar, cuando las imprecaciones del Antiguo Testamento son repetidas en el Nuevo Testamento, su uso demuestra que son maldiciones.

Un segundo intento para explicar esas imprecaciones, trata de exonerar a Dios de cualquier participación en la oración. Los que mantienen este punto de vista se refugian en el hecho de que la inspiración de las Escrituras garantiza solo el estricto recuento de lo que fue dicho y no implica necesariamente la aprobación divina.

En cuanto a la inspiración divina, esto es verdadero. David era «un varón conforme a su corazón» y sin embargo sus escritos están llenos de imprecaciones. (Véase Salmos 5:10; 10:15; 28:4; 31:17,18; 40:14,15; etc.)

Percatándose de la falta de solidez de estas interpretaciones, la mayoría de los comentaristas recurren a otra explicación. Señalan que las personas del Cercano Oriente eran altamente excitables y dadas a invocar las maldiciones de una deidad contra cualquiera que las disgustara. 5 Una vez aceptado esto, pasan a explicar que esas personas no sabían nada acerca de la gracia; y que las enseñanzas acerca de «amad a vuestros enemigos» y «orad por los que os ultrajan» (Mateo 5:44,45) tenían aún que esperar por la venida de Cristo (ver Lucas 6:36; Efesios 5:1). Pero este punto de vista ignora el hecho de que la gracia es encontrada a lo largo del Antiguo Testamento y fue enseñada por Moisés (Éxodo 23:4,5; Levítico 19:18), por David (Salmos 25:12; 109:4,5) y por Salomón (Proverbios 25:21,22).

Es a todas luces evidente que debe existir una respuesta mejor para las oraciones imprecatorias, que las sugeridas hasta ahora.

En cierta ocasión, algunos seminaristas le preguntaron a un viejo teólogo muy versado en el Antiguo Testamento, cómo explicaba él los salmos imprecatorios. Su respuesta fue reveladora: «¡Hay que ser una persona muy espiritual para decir ese tipo de oración!» Aplicando esto al contexto de la oración de Nehemías, vemos que Sanbalat y Tobías, al hacer escarnio del trabajo realizado estaban de hecho ridiculizando y burlándose del Dios de los judíos. Como ha señalado el renombrado erudito en cuestiones semíticas C. F. Keil: «Abiertamente, habían retado la ira de Dios, despreciándolo ante los edificadores».

El estímulo que derivamos de esto, parte del hecho de que Dios observa personalmente lo que nos sucede. Los que se oponen a nuestro trabajo, están oponiéndose abiertamente a Él. Esto debe servir para animarnos y demostrarnos cuán preciados somos ante sus ojos.

Al orar en la forma en que lo hizo, Nehemías demostró cuán íntimamente estaba identificado con el Señor y con su obra. Después, mantuvo a sus edificadores trabajando. Mientras más ocupados estuvieran, menos atención podrían prestar a las calumnias de los enemigos. No era el momento de perder el tiempo probando una nueva estrategia. La oración restauró la visión de Nehemías. Él sabía lo peligrosa que podían resultar las demoras. Era lo suficientemente astuto para comprender que cuando el enemigo viera que sus artimañas fracasaban, recurriría a medidas aún más drásticas para detener los trabajos. Tuvo tanto éxito Nehemías en su oposición a la mala influencia de Sanbalat y de Tobías, que pudo escribir en su diario: «Edificamos, pues, el muro, y toda la muralla fue terminada hasta la mitad de su altura».

Pero, ¿cómo aquellos que se desmoralizaron y desanimaron (Nehemías 4:5), cobraron nuevos bríos para continuar la edificación de la muralla? ¿Qué fue lo que cambió su desaliento en decisión? ¿Por qué pudo después Nehemías decir: «porque el pueblo tuvo ánimo para trabajar»?

La única respuesta satisfactoria a esas preguntas descansa en la personalidad del líder. Bernard L. Montgomery señala acertadamente: «Un líder debe poseer un optimismo contagioso y estar decidido a perseverar en medio de las dificultades. Debe irradiar confianza, asentarse en principios morales y espirituales y poseer recursos para decidir correctamente, aunque él mismo no esté cierto del resultado material».

La búsqueda interna

Existe una actitud hoy en día, especialmente entre los evangélicos, según la cual si vivimos rectamente nada podrá o deberá ir mal. Este tipo de mentalidad es contrario a las Escrituras (Mateo 18:7; Juan 16:33). En cierta ocasión el Señor Jesús les dijo a sus discípulos que tomaran una barca y cruzaran al otro lado del lago de Galilea. Ellos obedecieron y encontraron una terrible tormenta en la travesía (Marcos 4:35-41). En otra ocasión, el apóstol Pablo tuvo la visión de un varón de Macedonia rogándole que pasara a dicho lugar y los ayudara (Hechos 16:9, 10). Lo hizo y encontró una terrible oposición (2 Corintios 7:5). Las pruebas y las dificultades se cruzan en nuestro camino, aun cuando estemos en el centro mismo de la voluntad de Dios. El genio de la cristiandad descansa en el hecho de que Dios nos permite vencer esas dificultades mientras cumplimos las tareas que él nos ha asignado.

El secreto de cómo sobreponerse a la oposición, radica en nuestra íntima relación con Dios. Él puede ayudarnos a superar los problemas que encaramos. Nuestras emociones en muchas oportunidades controlan nuestra presencia exterior. Los sentimientos negativos destruyen nuestra confianza. Preocuparnos por determinada situación, no la aliviará en nada. La ansiedad no quita las penas del mañana; tan solo nos priva energía en el día que vivimos. Todo lo que necesitamos es la fe, cuando las puertas de la desesperación parecen cerrar nuestro camino. Una fe expresada en oración. Una plegaria sincera y eficaz restaurará nuestra perspectiva y sustituirá nuestras emociones negativas con actuaciones positivas. Esta visión positiva nos inspirará esperanza, la esperanza renovará nuestra confianza y el resultado será un resurgir maravilloso de nuestra fortaleza moral.

Del ejemplo de Nehemías también aprendemos la importancia de la perseverancia al enfrentarse con los enemigos. La perseverancia es el patrón que sirve de medida al verdadero liderazgo. Una cosa es fijar los objetivos o metas para un grupo de personas y otra bien diferente es perseverar en ellos, inspirar a los demás y motivarlos para el logro de tales objetivos.

La perseverancia de Nehemías estaba firmemente enraizada en la convicción de que estaba haciendo lo que Dios deseaba. Como resultado de ello, fue capaz de sobreponerse al ridículo, contrarrestar el desaliento y contagiar a los demás con su propio optimismo. Su indomable espíritu les infundió aliento. En lugar de sentirse desorientados y sin ayuda, se inspiraron en el ejemplo de Nehemías para enfrentar con energía sus problemas. A medida que trabajaban, encontraron su fe robustecida, progresaron y mientras que en los momentos de desaliento los obstáculos semejaban montañas, ahora, con una percepción más clara, estas dificultades aparecieron como nubes vaporosas prontas a desaparecer.

De estos breves versículos debemos aprender que hemos de esperar oposición aun cuando estemos realizando un trabajo para la obra de Dios. Debemos desarrollar reacciones positivas ante todo impedimento, mediante la oración y la identificación con el Señor y sus propósitos, perseverando en su labor. La fe es el ingrediente vital de todo esto. Fue la que guió a Nehemías a través del valle de sombras y desalientos y convirtió sus esfuerzos en gloriosos triunfos. Su fe le inspiró seguridad y esa seguridad inspiró a otros. El secreto de su éxito puede ser nuestro también. Como ha señalado el apóstol Pablo, «esta es la victoria que ha vencido al mundo, nuestra fe» (1 Juan 5:4).

---

[1] Sanbalat ridiculizó a los judíos ante el «ejército de Samaria», la milicia local, compuesta por los hombres influyentes de la ciudad y los habitantes de la provincia.

[2] La mayoría de los escritores creen que Sanbalat aquí se refiere a la ofrenda de sacrificio al inicio de los trabajos. Este punto de vista es respaldado por la antigua literatura pagana y tenía su base en el pensamiento de que un sacrificio adecuado movía a las deidades invocadas a ayudar y prosperar los esfuerzos. Nehemías, sin embargo, ha comenzado sus trabajos en la muralla. Esta ha sido edificada hasta casi la mitad de su altura. Parece aquí más lógico que Sanbalat se refiera al ofrecimiento de sacrificios al terminar la obra. Esto lo lleva a su próxima pregunta: «¿Acabarán en un día?», en la que insinúa que la debilidad de ellos les impedirá terminar su obra.

[3] Este es un ejemplo de oración imprecatoria, en la cual se invoca el mal sobre otra u otras personas.

CAPÍTULO 6
Valores en conflicto

Nehemías 4:7-23

Hace algunos años leí las siguientes líneas de un autor desconocido: «En tiempos de adversidad muchas personas pierden el coraje y muestran una debilidad que es innecesaria. Consideran que una pérdida o un desengaño constituye un fracaso, cuando en realidad un infortunio puede constituir una oportunidad». Este mismo autor puntualizaba: «Debemos tejer con nuestras circunstancias la forma y el estilo de nuestra vida. La fortaleza se gana venciendo la adversidad, y no rindiéndose a ella».

Por experiencia propia sabemos que esto es cierto. Sin embargo, aprender a manejar la situación sin perder el equilibrio emocional toma tiempo. Exige un crecimiento hacia la madurez.

En el pasaje que tenemos frente a nosotros, vemos que Nehemías espera que Sanbalat tome nuevas medidas para detener la construcción de la muralla. Por esta razón les pide a sus trabajadores que apuren el paso. La muralla fue terminada hasta la mitad de su altura «porque el pueblo tuvo ánimo para trabajar». La moral se mantenía alta pero, bajo nuevas presiones, el entusiasmo empezó a declinar. El desaliento tomó posesión una vez más de ellos y llegaron a la conclusión de que no podían seguir adelante.

Nosotros también tenemos situaciones en las cuales las personas que trabajan a nuestras órdenes, consideran que se está pidiendo demasiado de ellas. Oportunidades que surgen en la vida de todo pastor, en que estima que las presiones económicas adversas o cierto tipo de oposición en la iglesia le hacen imposible continuar su labor. En cuanto a Nehemías, este debió sentir la soledad de su posición. Quienes trabajan en el comercio y la industria saben muy bien que las amenazas de rebaja de personal y las reducciones, destruyen la moral de cualquier tipo de trabajo. Puesto que las presiones externas y las fuerzas internas son situaciones que todos los líderes tienen que afrontar, tenemos mucho que aprender sobre la forma en que Nehemías actuó ante todos esos contratiempos.

Las tácticas dilatorias

Cuando los enemigos de los judíos comprobaron que sus burlas y amenazas no habían podido detener los trabajos, recurrieron a la violencia. Rodearon completamente a los moradores y trabajadores de Jerusalén. Sanbalat cubría todo el norte, Tobías y los amonitas estaban al este, los árabes por el sur y los de Asdod (antiguos Filisteos) por el oeste. Los jefes de estos grupos adoptaron una nueva estrategia. Pensaban intimidar a los judíos, haciéndoles perder confianza en su líder.

La raíz de esta conspiración era la ira. Esta proviene generalmente de la *frustración* de los planes y de la *humillación* sufrida con el fracaso, o el dolor del *rechazo*. La irritación de Sanbalat y los demás conspiradores no es muy difícil de explicar. Ellos se sentían humillados, porque su estrategia original había fallado (Nehemías 4:1-6). Este fracaso los disminuía a los ojos de los hombres influyentes de la provincia. Habían ridiculizado a los judíos por su debilidad y ahora se veían frustrados por aquellos a quienes consideraban débiles. Consideraban que los comerciantes ricos y los dueños de tierras dudaban ahora de su capacidad para tratar con los judíos. Como es de presumir, esto dejaba una sensación de rechazo en dichos jefes. La suma de todas estas frustraciones da por resultado esa ira y ese tipo de conducta irracional que revuelve los peores instintos en el corazón del hombre. En su incontenible cólera, estimularon la violencia, alimentaron el odio y dieron rienda suelta a sus deseos de venganza. Intentaban destruir al débil para el progreso de su propia tiranía.

La conspiración contra los judíos era gigantesca. El aislamiento de ellos en Jerusalén era casi absoluto. Cierto, parte de la muralla había sido reconstruida y las brechas estaban cerradas.[1] Pero, ¿de qué valía todo esto contra tales fuerzas malignas?

La adversidad, sin embargo, sirve para probar la verdadera fe de cada cual, y nada pudo evitar ni estorbar sus oraciones.

De frente a la crisis

Tan pronto como Nehemías tuvo conocimiento de la conspiración, comenzó a actuar. Lo expresa así: «Entonces oramos a nuestro Dios, y por causa de ellos pusimos guarda contra ellos de día y de noche». Una vez más, mostró cómo la fe (esto es, la oración) y el trabajo (poner guardas) marchaban conjuntamente. Nos demuestra que la oración no es en manera alguna sustituto de la acción. Él toma todas las precauciones poniendo guardas. La preparación espiritual previa del pueblo se convierte en inspiración al tomar estas nuevas responsabilidades. Además de esto, el uso de los verbos en plural: «oramos», «pusimos», pone a Nehemías como uno más en las actividades y nos revela en forma incidental el efecto que su espíritu consagrado tuvo en el pueblo. Mientras que previamente (Nehemías 4:4,5) era Nehemías quien acostumbraba a guiarlos en oración, ahora eran ellos los que estaban ansiosos de participar en ella. Quién podría expresar lo animado que estaba al ver al pueblo ansioso de unírsele en oración para llevar todos los problemas al Señor.

¡Pero lo inesperado sucedió! Como sucede con frecuencia, el cambio de táctica de los enemigos consiguió socavar la decisión del pueblo. A pesar de su renovado celo, las fuerzas con las cuales tenían que enfrentarse parecían mas fuertes que su convicción sobre las realidades espirituales. La causa de este deterioro de la moral no fue evidente de inmediato. La primera insinuación que tuvo Nehemías de la crisis, tomó la forma de un ultimátum; este venía del grupo donde menos podía esperarlo: los hombres de Judá. De Judá fue escrito: «Tu mano en la cerviz de tus enemigos ... Cachorro de león, Judá ... ¿Quién lo despertará? No será quitado el cetro de Judá, ni el legislador de entre tus pies, hasta que venga Siloh [Cristo]; y a él se congregarán los pueblos» (Génesis 49:8-10).

Los hombres de Judá dijeron: «Las fuerzas de los acarreadores se han debilitado y el escombro es mucho, y no podemos edificar el muro».

Para decir las cosas más claramente, la causa externa de este ultimátum era la extenuación. La reducción del número de hombres que estaban trabajando, debido a la colocación de guardas y el número de horas de continua labor, habían aumentado el agotamiento de los que trabajaban dentro de la ciudad.

Como líder entendido, Nehemías no estaba dispuesto a admitir la derrota solo porque se lo dijeran. Exploró un poco más y pudo encontrar la verdadera causa del deterioro de la moral. La «razón» dada por los hombres de Judá era solo una justificación. Estaba elaborada con el objeto de excusar en una forma un poco respetable su fracaso. Era como una especie de defensa para no perder la estimación frente a los demás. Como muchas veces sucede, la causa del deseo de abandonar el trabajo era de tipo *interno*. Venía directamente de los judíos que «habitaban entre los enemigos» (Nehemías 4:12). Ellos oían las murmuraciones que Sanbalat, con interesada indiscreción dejaba «filtrar» y después las repetían al llegar a Jerusalén a trabajar. «De todos los lugares de donde volviereis ellos caerán sobre vosotros». Estamos completamente rodeados. ¡No tenemos ninguna oportunidad de escapar! La artimaña de Sanbalat y sus asociados funcionó sin tropiezos. Intentaban asustar a los moradores de la ciudad y destruir completamente su espíritu de grupo, e inicialmente tuvieron éxito. El miedo deshacía la firmeza de los judíos y minaba su confianza en su líder.

Cuando Nehemías descubrió la verdadera razón del colapso de la moral en los dirigentes, los reprendió diciéndoles: «No temáis delante de ellos; acordaos del Señor, grande y temible, y pelead por vuestros hermanos, por vuestros hijos y por vuestras hijas, por vuestras mujeres y por vuestras casas».

La clave del éxito de Nehemías en esta crisis fue su habilidad para diagnosticar lo que andaba mal. Comprobó que el problema era más interno que externo. Solo unos pocos días antes, esa misma gente se había unido a él en oración cuando el peligro amenazaba. Habían visto a Dios poner su mano en el asunto y esto les había dado confianza. Entonces una nueva amenaza surgió. Esta era más tenue que la anterior y ellos no la sospechaban siquiera. Mantuvieron guardas alrededor de los muros en reconstrucción y no prestaron mucha atención a lo que estaban escuchando, pero casi sin darse cuenta, permitieron con esa atención a medias, que el enemigo, de manera sistemática y sutil, les «lavara el cerebro». No se percataron de que, cuando la duda invade el alma, conduce inevitablemente al desaliento, y cuando tal cosa sucede, el fracaso está solo a unos pasos. Al reaccionar ante estos nuevos acontecimientos, Nehemías se enfrentó directamente al motivo principal: ¡el temor! Él sabía que existía un temor al Señor, el cual es saludable (el temor reverencial). Cuando Dios es tenido en reverencia (como el objeto digno de temor) todo en la vida es traído a una perspectiva correcta (Deuteronomio 5:29; 6:2; 13:4; Proverbios 14:26,27; 19:23; 29:25; Jeremías 32:39). Sin embargo, también sabía que existen momentos en la existencia en los cuales una amenaza externa nos hace temer a algo o a alguien (en este caso, Sanbalat).[2] Este se convierte en objeto de un temor sin sentido. El resultado es un choque entre lo que es correcto y lo incorrecto. La razón de este conflicto interno es que le hemos atribuido a este falso objeto de temor, las características divinas de *omnipotencia y soberanía*. El resultado es el debilitamiento, la timidez y por fin la capitulación.

La forma en que Nehemías conduce esta situación, es muy instructiva.

Inicialmente, reprende a los judíos: «No temáis delante de ellos». Después los alienta: «Acordaos del Señor». Finalmente, los motiva: «Y pelead por vuestros hijos, por vuestras hijas...» Trata de provocar en ellos las mas íntimas emociones. Debe recordarse que los judíos habían venido a Nehemías con razones amañadas a fin de justificar su incapacidad para continuar los trabajos de reconstrucción de los muros. La verdadera razón nunca hubiera salido a la superficie de no haber sido Nehemías tan buen observador de la naturaleza humana. Pudo discernir la inseguridad de ellos y, mirando bajo la justificación inventada, encontrar la verdadera razón del problema. Entonces, como sabio líder que era, atacó el fundamento real del problema y no su justificación.

Saber cómo diagnosticar un descenso en la moral de trabajo y ser capaz de animar con eficacia y motivar a los demás, ya sea en una gran corporación o en una iglesia, en un hospital o en el campo misionero, es uno de los factores mas importantes en el liderazgo eficaz. Pero para eso debemos mantenemos en contacto directo con aquellos con quienes trabajamos. Esta es la única forma de contrarrestar las influencias negativas. Debemos estar presentes. Hacemos visibles y al mismo tiempo accesibles. En nuestra sociedad contemporánea, con tanto que se demanda de nosotros a cada momento, nos sentimos propensos a pasar por alto la dinámica personal en el liderazgo.

Una función básica del buen líder es inspirar a su grupo para que haga su mejor esfuerzo. El individuo que se concentra solo en detalles, costos o asuntos técnicos, puede ser un experto, pero nunca un líder. Los expertos saben lo que se debe hacer; los líderes saben eso también y además, cómo reunir a la gente que lo logre. El líder debe ser capaz de reprender, alentar y motivar a otros.

En el pasaje que tenemos ante nosotros, Nehemías toma en sus hombros la tarea de estimular a un grupo de personas desanimadas. Los líderes de cada sección no parecen ser suficientes para ello. Basta con decir que el copero de Artajerjes fue capaz de hacerles superar sus temores mediante su propio entusiasmo. Este fervor es mantenido vivo a través de todo el programa de reconstrucción, mediante los ideales divinos que habían llenado su imaginación, y gracias a la confianza indestructible que mantenía en el Señor y en sí mismo. Por sus inconmovibles convicciones, estuvo en condiciones para exhortar a todos aquellos que sentían menos decisión y compromiso. Su confianza en el Dios del pacto lo inundó de un optimismo contagioso, que fue la esencia de su éxito en la motivación. Este optimismo de igual manera le permitió perseverar frente a las mayores dificultades y transmitirles confianza a sus subordinados. Era capaz de descansar en principios morales y espirituales, aun en aquellos momentos en que no estaba seguro de lo que harían sus enemigos.

La búsqueda de los ideales

Con el paso del tiempo, la amenaza de un ataque a Jerusalén se convirtió en algo muy real (Nehemías 4:15-20).

Cuando Sanbalat comprobó que su sutil guerra psicológica no estaba alcanzando los efectos deseados, planeó una ofensiva total. La noticia de tales preparativos llegó sin duda al conocimiento de Nehemías a través de sus aliados en Samaria. En preparación para ese posible ataque, mantuvo sus trabajadores armados. Los hombres fueron estacionados en lugares estratégicos detrás de la muralla y en las secciones más expuestas. Durante estos días febriles, los trabajos en el muro cesaron.

La paralización de las operaciones de construcción pudo haber sido interpretada por algunos como signo de fracaso. Nehemías, sin embargo, se daba cuenta de que la libertad no consiste meramente en el derecho de los hombres, sino en la encarnación de esos derechos en acciones definidas. Los trabajos de la muralla tenían que ser suspendidos temporalmente, mientras los hombres defendían su libertad.

Las disposiciones de Nehemías para la protección militar de Jerusalén, convirtieron a la ciudad en un campo armado. A los habitantes de las regiones cercanas, se les exigió que permanecieran en la ciudad en lugar de estar viajando a sus casas durante la noche. Esto aseguró que todo el personal estaría disponible para el caso de un ataque. Asimismo cortaba los conductos subversivos de Sanbalat y Tobías para diseminar su propaganda y desanimar a la población.

La contraofensiva de Nehemías funcionó con tanto éxito, que pudo escribir: «Y cuando oyeron nuestros enemigos que lo habíamos entendido, y que Dios había desbaratado el consejo de ellos [de atacar], *nos volvimos todos al muro, cada uno a su tarea*». Desde este momento, el progreso en la reconstrucción fue algo menor, porque hubo necesidad de usar la mitad de los hombres como guardas, mientras la otra mitad trabajaban. Estos realizaban sus labores armados. Uno de los hombres se situó con una trompeta cerca de Nehemías, con el objeto de llamar a los hombres a combate en caso de un ataque por sorpresa. A pesar de todos estos inconvenientes con las precauciones tomadas, de estar agotados por el trabajo y de las guardias extra realizadas durante las noches, los trabajos de la reconstrucción de la muralla continuaron.

Con constancia hacia la meta

Nehemías concluye este capítulo con un resumen. En los versículos 21-23, hace una especie de recuento de esos días de intensa presión y tácitamente nos deja ver las razones de su éxito. El elemento básico de su triunfo puede encontrarse en su identificación con el pueblo judío (Nehemías 4:23). Estaba dispuesto a padecer las mismas privaciones, encarar los mismos peligros y sufrir los mismos padecimientos que ellos. ¡Era uno más con ellos en el trabajo! El contratiempo temporal experimentado cuando la reconstrucción tuvo que ser detenida, no logró disuadirle de su empeño.[3] Seguía siempre adelante.

Los líderes de nuestros días pueden aprender de la forma como se condujo en esos días de tensión. Cada vez que una situación difícil se interpuso en su camino, la enfrentó en una forma objetiva. Estaba siempre atento a las necesidades de los que estaban dentro de Jerusalén, y a los planes y conspiraciones de los enemigos que se hallaban fuera de la ciudad. Aunque pudo lamentarse de la interrupción de su programa de construcción, se enfrentó a cada una de las situaciones con un claro sentido de la realidad. Reordenaba sus precedencias y ajustaba su estrategia de acuerdo con los acontecimientos. Ni las presiones ni las tensiones pudieron desviarle un solo milímetro de los objetivos propuestos.

Toda la vida de Nehemías está básicamente ceñida por la fe. Esta fe fue la semilla vital que inspiró a otros y produjo una cosecha de inmensos rendimientos. Por su fe, fue capaz de motivar a los judíos. Sabía que rendirse a la adversidad era como arrojar a Dios a un lado. El Señor les permitió a Sanbalat y los otros oponerse a los trabajos. ¿Debía él dudar de la providencia de Dios? La duda es un camino de una sola vía que conduce siempre al fracaso. La fe, por otra parte, creó en él positivas esperanzas, que estaba seguro de que culminarían en la realización de sus planes (Hebreos 11:6). De la misma manera que la fe de Nehemías lo unía a su fuente de poder, también se convirtió en el fundamento de su confianza. Esta le dio valor para perseverar. Tenía la confianza de que estaba realizando lo que Dios deseaba que hiciera. Como resultado de ello, pudo sobreponerse a todos los conflictos que le rodearon.

La fe puede ofrecerle también un sentido a nuestra vida, una razón de ser. Esto puede brindarnos seguridad para acercarnos en cada nuevo día con renovada confianza al Señor. El entusiasmo y el aliento que llenaron a Nehemías, pueden también ser nuestros cuando nos demos cuenta de que estamos comprometidos en una obra de Dios. El apóstol Pablo dijo: «Y todo lo que hacéis, hacedlo todo en el nombre del Señor Jesús, dando gracias a Dios Padre por medio de él» (Colosenses 3:17). Este principio sigue siendo verdadero, ya sea nuestro trabajo construir una muralla, servir en una cafetería o estar sentado frente a una máquina de escribir.

La fe de Nehemías en Aquel que lo llamara para llevar adelante la tarea, al mismo tiempo lo llenó de entusiasmo, y este entusiasmo le ayudó a convertir una situación potencialmente desastrosa en un modelo de coordinación y unificación. Sin entusiasmo, los planes más grandes del mundo están condenados al fracaso. Con entusiasmo, ninguna tarea es demasiado ardua y ninguna oposición puede prevalecer. Como resultado de la dinámica interna de Nehemías, los casi exhaustos y atemorizados trabajadores de Jerusalén fueron motivados para convertir en bella realidad algo que para todos los empeños y propósitos parecía imposible.

Pero, ¿cómo podemos definir esta «dinámica interna»? ¿Es uno de esos imponderables con los cuales hay que nacer para ser un líder triunfante, o puede ser desarrollada?

El entusiasmo no es algo mágico que podamos tener unas veces y otras no. Está basado en dos cualidades importantes: personalidad y veracidad. Sabemos que Nehemías estaba comprometido con la verdad. Identificándose con ella, desarrolló las cualidades de la personalidad que son tan necesarias para un líder idóneo. Cuando llegó a Jerusalén, fue capaz de convertir en realidad los planes que Dios tenía para su pueblo, haciéndolos el foco de un esfuerzo común, y su personalidad se convirtió en la importante dinámica que inspiró (entusiasmó) a los judíos a seguirle con toda confianza. El liderazgo eficaz está basado en estas dos cualidades: personalidad y veracidad.

Finalmente, Nehemías triunfó por su confianza absoluta en el Señor. Por vía de contraste, vemos que sus oponentes sufrieron una vez más una derrota ignominiosa.

---

1 El texto hebreo es pintoresco. Dice literalmente que «se les había puesto un vendaje» a los muros de la ciudad.

2 Un ejemplo de objeto impropio de temor puede encontrarse en Números 13:21-29. Los hijos de Israel estaban temerosos de lo que podrían encontrar en Canaán. Su objeto propio de temor, debió haber sido el Señor (Números 13:30—14:25,36,37). Nehemías estaba familiarizado seguramente con este y otros incidentes en la historia del pueblo hebreo.

3 Veremos de nuevo en el próximo capítulo la capacidad que tenía Nehemías para reordenar sus prioridades.

Capítulo 7
En espera de un milagro

Nehemías 5:1-13

Las teorías iniciales sobre el liderazgo de grupos, proclamaban que una persona podía actuar como líder si tenía una personalidad que hiciera posible a los miembros de un grupo lograr sus objetivos bajo su supervisión. Las investigaciones posteriores de los psicólogos ensancharon esta visión. Consideraron que la conducta del liderazgo consistía en acciones funcionalmente relacionadas al logro de los propósitos o directamente enlazadas al mantenimiento y fortalecimiento del grupo. Esta teoría sin embargo no toma en cuenta la «diferenciación de funciones» dentro de los grupos, especialmente cuando ciertos miembros toman la voz cantante en lo tocante a la comunicación. El resultado de este tipo de acción influye directamente sobre las actitudes del grupo y su actuación.

Al combinarse estas ideas, resultó muy común hablar de los líderes de la «teoría X» y los de la «teoría Y». Es preferible sin embargo referirnos a ellos como *especialistas en tareas* y *expertos en lo socio-emocional*. Estos dos términos describen dos labores diferentes del líder.

En Nehemías 5 surge una situación que reclama los conocimientos de un *experto socio-emocional*, que mantenga alta la moral del grupo y su armonía y que al mismo tiempo ayude a suavizar las tensiones que nacen de ciertas condiciones del trabajo.

De todas las tensiones que operan en nuestra sociedad, pocas son tan peligrosas como las que existen en las relaciones entre ricos y pobres. Santiago, el hermano del Señor, escribió sobre ello (véase Santiago 1:1-13). Es algo que se continúa manifestando en numerosas iglesias hoy en día. Pero las iglesias no son las únicas que se enfrentan al problema. Los líderes del mundo de los negocios y de la industria están bien conscientes de que el movimiento en espiral de la vida económica continúa aumentando ese explosivo contraste entre prosperidad y pobreza.

Pero, ¿cómo puede un administrador manejar una situación de ese tipo?

Cuando revisamos el pasaje que tenemos frente a nosotros, vemos que los que triunfan en situaciones como estas son aquellos que ven a los demás como personas. Para ellos, tienen valor humano; no los consideran como simples cosas, objetos de explotación. Tales líderes tienen un claro sentido de la realidad y no temen decir la verdad por dolorosa que sea, y aún más, son capaces de asumir las responsabilidades y desarrollar entre sus trabajadores un nuevo sentimiento de unidad. Como ya vinos en un capítulo anterior, en el corazón de este tipo de líder existe una identificación íntima con la verdad. Sin este tipo de compromiso, el resultado sería con toda seguridad un extremismo radical.

Hombre rico y hombre pobre

En Nehemías 5 leemos: «Entonces hubo un gran clamor del pueblo y de sus mujeres contra sus hermanos judíos. Había quien decía: Nosotros, nuestros hijos y nuestras hijas, somos muchos; por lo tanto hemos pedido prestado grano para comer y vivir. Y había quienes decían: Hemos empeñado nuestras tierras, nuestras viñas y nuestras casas, para comprar grano, a causa del hambre. Y había quienes decían: hemos tomado prestado dinero para el tributo del rey, sobre nuestras tierras y viñas. Ahora bien, nuestra carne es como la carne de nuestros hermanos, nuestros hijos como sus hijos; y he aquí que nosotros dimos nuestros hijos y nuestras hijas a servidumbre, y algunas de nuestras hijas lo están ya, y no tenemos posibilidad de rescatarlas, porque nuestras tierras y nuestras viñas son de otros».

Esta queja de las clases trabajadoras, era realzada por la presencia de las mujeres. Sus voces estridentes agregaban intensidad a la reunión. Nehemías se encontró frente a una situación peligrosa que fácilmente podía escapar de sus manos.

¿Por qué estaba esta gente tan empobrecida? Noventa años antes, el primer grupo que regresó del exilio, había vuelto con suficientes bienes materiales (Esdras 1:5-11). Aquellos que habían optado por permanecer en Babilonia habían ofrendado en forma liberal con el fin de mantener a los que regresaban. Aun el propio Ciro había abierto las arcas de su tesoro, prodigando «utensilios de oro y plata». Además, esos exiliados habían abandonado las tierras de su cautiverio montados en asnos, caballos, mulas y camellos (Esdras 2:66,67). Una prueba adicional de esta riqueza la tenemos en el hecho de que muchos judíos habitaban en casas nuevas artesonadas, algo que estaba reservado solo para los reyes (Hageo 1:4). Durante la construcción del Templo, también habían donado en forma extravagante para su embellecimiento (ver Nehemías 7:71,72). Solo trece años antes (458 a.C.), Esdras había traído un segundo grupo de colonizadores de Babilonia. Artajerjes I y sus consejeros habían contribuido también de una manera liberal para cubrir las necesidades de ellos (Esdras 7:15,16), y ricas donaciones llegaban constantemente de las más solventes familias que estaban aún en Babilonia (Zacarías 6:10,11).

Entonces, ¿por qué surgía esta protesta? ¿Qué podía haber producido toda esta pobreza?

Cuando examinamos más cuidadosamente los asuntos internos de los judíos, vemos que existen tres grupos bien determinados en esos versículos.

Los primeros en alzar sus quejas son los mercaderes y los trabajadores (Nehemías 5:2). Por confesión propia vemos que tenían familias numerosas. Durante la reconstrucción de la muralla habían tenido que mantenerse a sí mismos. Ahora, sin recursos ni entradas, no tenían manera de sustentar a sus familiares, que dependían enteramente de ellos. Sin bienes de clase alguna, la situación que confrontaban era sombría. No exista solución posible a menos que llegara algún auxilio exterior.

El segundo grupo lo formaban los agricultores (Nehemías 5:3). Sus granjas eran especialmente vulnerables a las bandas de ladrones que bajaban de las colinas y a las tribus de beduinos que llegaban a través de la frontera. No es raro, por ejemplo, que tuvieran una cosecha excepcional y que les fuera robada por los que se dedicaban al pillaje de los campos y al saqueo de las pequeñas poblaciones.

En aquellos tiempos de dura penuria, un agricultor, para poder mantener a su familia, tenía que pedir dinero prestado, y lo garantizaba con sus tierras y cosechas. ¡La tasa de interés que había que pagar era exorbitante! [1] Si la cosecha se perdía [2] llegaba una carestía o las plagas de langostas destruían lo sembrado, entonces los «prestamistas usureros» tomaban sus tierras y podían entregar a los familiares en servidumbre (Nehemías 5:5). Esto era contrario a la Ley (Deuteronomio 23:19,20; 24:10-13). Un hombre de esa época podía venderse él o vender a sus hijas en esclavitud (¡pero no a sus hijos varones!) y esta servidumbre era solo por un período de seis años (Éxodo 21:2,7-11;

Levítico 25:39-41,54). Al llegar el séptimo año, todos eran libres de nuevo (Levítico 25:10; Deuteronomio 15:16). Si el año del Jubileo caía antes de cumplirse los seis años, toda servidumbre terminaba. Además, en tiempos de sequía o hambre, la tierra de un deudor podía ser hipotecada y vendida a cualquiera de su misma tribu, pero revertía al dueño original al proclamarse el Jubileo (Levítico 25:10; 14-17,25-27).

Esta provisión de liberación había sido hecha por Dios. Él había planeado que su pueblo fuera libre. Con toda seguridad habría pobres en dicha sociedad, pero en la economía del Señor ellos nunca estarían completamente desamparados. Aun si se vieran forzados a hipotecar sus tierras o entregarse en servidumbre, esto habría de ser por solo un período de tiempo limitado. A fin de hacer provisión para el pobre, el Señor había establecido que el rico le prestara en forma generosa (Deuteronomio 15:7-11), sin cargar intereses de ninguna clase (Éxodo 22:25; Levítico 25:36). Pero tales providencias se habían convertido en letra muerta. La costumbre de los años sabáticos no se había guardado y el año de Jubileo quedó de esta manera ignorado por completo. Los esclavos no habían sido liberados, ni las deudas canceladas. El rico explotaba al pobre, la opresión abundaba y la injusticia prevalecía (ver Isaías 5:8; Habacuc 1:3,4).

El tercer grupo de los que Nehemías escuchaba en sus protestas, dejaba conocer sus problemas con los impuestos. Judá, como cualquier provincia persa, tenía que pagar tributos; parte de ellos en dinero y parte en lo que producían sus habitantes. Estos tributos no eran generalmente muy abusivos, pero la sola naturaleza de la economía, unida a la política opresiva de los ricos, convertía en una carga gravosa cualquier impuesto, por pequeño que fuera. Esos agricultores habían brindado voluntariamente todo lo que poseían para trabajar en la reconstrucción de la muralla, pero algunos de los ricos prestamistas habían ejecutado sus hipotecas, desposeyéndolos de las tierras e incluso vendido a sus hijos en servidumbre. Cuando esos trabajadores se comparaban con aquellos que los explotaban, podían decir con justicia: «Nosotros también somos humanos y amamos a nuestros hijos, tanto como ellos aman los suyos. Estamos dispuestos a trabajar, pero nos han hecho la vida imposible, porque son dueños de nuestras casas, nuestras tierras y nuestras cosechas. No tenemos posibilidad de pagar lo que debemos, ni de rescatar a nuestros hijos de la servidumbre» (véase Nehemías 5:5).

Dispuesto a la confrontación

A medida que Nehemías fue dándose cuenta de la situación, su primera reacción fue de *cólera*. Notó que todo lo que se había venido practicando era contrario a las Escrituras. Por esa razón reprendió [3] a los nobles y a los oficiales, diciéndoles: «¿Exigís interés cada uno a vuestros hermanos?» Esta, sin embargo, no era la única queja del pueblo. La protesta era bien diferente. Se lamentaban de la escasez de alimentos, de verse forzados a hipotecar sus tierras, de la servidumbre y de los tributos. La respuesta de Nehemías fue directamente al corazón de todo el problema. No perdió tiempo en asuntos adyacentes. Las circunstancias externas pueden ser rectificadas fácilmente, pero a menos que se vaya a la raíz del mal, volverán a aparecer. Tras evaluar la situación, Nehemías llegó a la conclusión de que todo el conflicto radicaba en la explotación mantenida; por ello fue directamente a reprender a los nobles y a los funcionarios.

Según se ve, la reprensión de Nehemías no surtió ningún efecto en los funcionarios. No dieron muestras de cambio de conducta. De hecho, el silencio mantenido evidenciaba su intransigencia. Estaban preparados para luchar y tratar de mantener sus beneficios. Los sacerdotes (cuya conducta nadie se atrevía a poner en duda) hacía bastante tiempo que estaban ganados para la causa de los nobles y los funcionarios (Nehemías 6:12,14; véase 13:4,7-9). Ninguna persona había tenido valor para decirles que sus prácticas en los negocios no eran de acuerdo con la Palabra de Dios. Además de todo ello, eran muchos y estaban unidos. Nehemías los necesitaba para la construcción de la muralla. ¿Qué podía hacer para oponerse a sus fuerzas e influencias?

Él veía las cosas en forma bien diferente. Era un hombre de principios y sabía que si las personas no viven de acuerdo con las enseñanzas de Dios, no pueden disfrutar de sus bendiciones. Dándose cuenta de que un nuevo planteamiento del asunto solo serviría para debilitar su situación, convocó a una gran asamblea del pueblo en contra de ellos. Para esto fue necesario detener de nuevo todos los trabajos. Entonces, en presencia del pueblo, demandó de los nobles un retorno al Señor y la regulación de sus vidas de acuerdo con la Santa Palabra. En su reproche, nos muestra que un líder debe sentar el ejemplo. Describe su propia conducta y compara lo que ha estado haciendo, con la actuación de los nobles. Esto lleva forzosamente a una polarización intencional. El contraste entre ambas conductas es obvio. Los líderes de los judíos permanecen en vergonzoso silencio al saberse que han vendido a los hijos de Judá como esclavos. La vergüenza de ellos aumenta al hacerse público que muchos de los que han vendido a «las naciones» (Nehemías 5:8), habían sido comprados por el propio Nehemías, quien los había así devuelto a la libertad.

Nehemías entonces los reprende por no haber actuado «con temor de Dios» (esto es, en sumisión a su Autoridad) y los invita a unírsele con el fin de prestar dinero y granos a aquellos necesitados, sin interés de ninguna clase. De nuevo lo vemos predicando con el ejemplo, porque lo que está recomendando a los nobles es evidentemente lo que él y sus criados han venido haciendo desde hace mucho tiempo (Nehemías 5:10).

La avaricia y la falta de corazón de nobles y funcionarios habían quedado debidamente expuestas. La falta de consideración con su propio pueblo se había hecho pública. En respuesta a las demandas de Nehemías, ellos expresaron su voluntad de ayudar en lo adelante a aquellos a quienes habían explotado.

Este deseo de prestar dinero y granos sin ningún interés, era un paso gigantesco en la dirección correcta, pero desde luego, no iba a corregir los errores anteriores. Un hombre de menos estatura moral que Nehemías, pudiera haberse sentido contento con los logros alcanzados y tal vez no hubiera tratado de forzar más su «buena suerte». Pero Nehemías no había terminado aún. La Ley había sido quebrantada y ellos no podían esperar las bendiciones de Dios en tanto desobedecieran (véase Deuteronomio 3:20). Por ello, les dice: «Os ruego que les devolváis hoy sus tierras y sus viñas, sus olivares y sus casas y la centésima parte del dinero del grano [el interés cargado al 1 por ciento mensual] del vino y del aceite que demandáis de ellos como interés» (Nehemías 5:11).

Los nobles y funcionarios habían sido silenciados por el ejemplo de Nehemías. Ahora estaban más que asombrados ante su coraje y valor y accedieron a todo lo pedido. Entonces, los hizo prometer todo aquello ante los sacerdotes. Muy a tono con el simbolismo del Cercano Oriente, sacudió el frente de su vestido en un gesto ilustrativo de lo que Dios haría con aquellas personas que no cumplieran su palabra. La respuesta del pueblo empobrecido fue de honda gratitud. Comprendió que Nehemías estaba a su lado. La situación había sido manejada en una forma justa y equitativa. Inspirados por las cualidades de aquel hombre de Dios, dieron sincera alabanza al Señor.

Así, un día que comenzó cargado de pena y opresión, terminó lleno de regocijo para todos.

Nuestra época convulsionada

Éstos versículos contienen principios muy importantes para los líderes de nuestros días. Nuestra época se caracteriza por la constante despersonalización. Las personas son consideradas más como cosas que como seres humanos valiosos. En nuestra economía, muchas corporaciones explotan a aquellos a quienes contratan. La principal preocupación de esas entidades está centrada en la satisfacción de sus accionistas. Algo muy parecido sucede en las instituciones cristianas. Aquellos que brindan voluntariamente tiempo y capacidades, así como ingresos y recursos, encuentran que cada vez la administración demanda más de ellos, con menos reconocimiento de sus labores. Por contraste, los líderes de las iglesias que tienen habilidad para mantener contento a su personal, suelen disfrutar de unos departamentos más eficientes y productivos. La clave para este tipo de liderazgo efectivo la encontramos en el ejemplo de Nehemías.

Examinando este pasaje notamos primero que el pueblo había venido con su protesta ante Nehemías en el momento más inoportuno. Él estaba ocupado en la reconstrucción de la muralla, y su actitud de «suelten las herramientas y paren todo», detuvo completamente los trabajos. Lo que es aun peor, les podían comunicar a los demás su espíritu de queja.

Nehemías, sin embargo, nos mostró como manejar este tipo de situación. Estuvo dispuesto a detener los trabajos y oír las quejas. Supo atenderlos y escucharlos como personas y no como meras estadísticas. Eran más importantes que todas sus metas y sus horarios de producción. A medida que oía sus protestas, se dio cuenta del dolor interno que había en ellos. Por su larga experiencia, sabía que aquellos que están profundamente preocupados por sus infortunios y contratiempos no son capaces de rendir un trabajo eficiente. Por ello los estimuló para que expusieran sus agravios.

También pudo conocer la realidad que latía bajo la cubierta de sus pronunciamientos externos. De no haber procedido en la forma en que lo hizo, hubiera atacado el «fruto» y no las «raíces» del problema. Tarde o temprano hubiera tenido que diversificar sus esfuerzos a fin de ocuparse de una multitud de males sociales y esto hubiera obstaculizado sus propósitos originales. Solo atacando la raíz de todo, podría resolver el problema planteado.

En tercer lugar, Nehemías tuvo valor para actuar. Muchos líderes ven claramente lo que se necesita hacer, pero carecen de la fortaleza de ánimo necesaria para hacer frente a los responsables de las dificultades. En este caso Nehemías evaluó la cuestión a la luz de la Palabra de Dios y llamó a los dirigentes a fin de encauzarlos en la voluntad revelada del Señor.

Finalmente, nos muestra lo necesaria que es la constancia. Al analizar lo que este notable líder logró de sus subalternos, vemos que la dinámica de un liderazgo efectivo requiere las capacidades de un especialista en tareas a la vez que las dotes de un experto socioemocional. El especialista en tareas debe ser capaz de coordinar los esfuerzos del grupo, asegurar la cooperación, reconocer los esfuerzos sinceros, ver que cada tarea sea cumplida satisfactoriamente y facilitar que haya abiertas líneas de comunicación entre el empleador y los empleados. Los conocimientos del experto socio-emocional no son muy difíciles de adivinar. Fundamentalmente son la disposición a *escuchar*, la capacidad de *discernir* lo que hay de real en el problema, el valor para tomar una acción definida y la *persistencia* para estar atento a todos los quehaceres hasta la conclusión del proyecto.

La ira... y cómo controlarla

La ira, por ser una emoción más, concierne a todos los humanos. En un momento dado, todos nos hemos sentido frustrados y resentidos. La sociedad, sin embargo, mira con desagrado a aquellos que no pueden controlar sus sentimientos. Por esta razón, algunos intentan proyectar su cólera y culpan a otros por la forma de su conducta. Hay quienes también tratan de mantener una apariencia de control en público, para llevar después sus resentimientos ante su cónyuge y sus hijos. Y algunos consiguen sacar fuera su frustración e irritación mediante competencias deportivas o realizando los deberes domésticos. La mayoría tenemos tendencia a reprimir las emociones y a tratar de olvidar su causa. Pero esto tiene muy serios efectos.

La ira no es siempre pecado. El apóstol Pablo reconoce la inevitabilidad de la ira como emoción cuando escribe: «Airaos, pero no pequéis; no se ponga el sol sobre vuestro enojo, ni deis lugar al diablo». (Efesios 4:26,27).

¿Cómo podemos controlar esa ira para no vernos arrastrados al pecado? Nuestra indignación puede convertirse en pecado cuando perdemos el control de nosotros mismos (Santiago 1:19, 20; Gálatas 5:19-21) o cuando abrigamos resentimientos de una manera vengativa (Romanos 12:17-21). Hay un momento en que permitimos que el dominio propio se nos escape o lo mantenemos de muy mala gana. El resultado de todo ello es una serie de conductas y actitudes reñidas con el constante dominio de sí que el Espíritu Santo demanda. En Nehemías 5 vemos cómo un hombre santo maneja la ira y la indignación. Del ejemplo que deja sentado, podremos derivar importantes lecciones para futuras situaciones reales que habrán de cruzarse en nuestro camino.

Desde sus inicios la edificación de la muralla de Jerusalén, estuvo acosada por privaciones y fatigas. La gestión de Nehemías se hizo aun más difícil, porque aquellos trabajadores voluntarios habían abandonado sus tierras y otras formas de empleo para contribuir en la reedificación de los muros. Mientras permanecieron en dichas labores, no contaron con otros medios de sostenimiento.

En mitad de la construcción hubo un gran alboroto por parte de dichos trabajadores y sus mujeres. Los estaban explotando los ricos, que eran los que más se iban a beneficiar con la fortificación de la ciudad.

De frente a la realidad

La respuesta de Nehemías a este justificado clamor, fue tan instructiva como sincera: «Y me enojé en gran manera».

Vemos que lo primero que hizo Nehemías fue admitir su enojo. No lo excusó, no lo ignoró ni lo disminuyó. No trató tampoco de proyectar su indignación sobre otros o de culparlos por lo que sentía. No intentó suprimir sus emociones. De haberlo hecho, muy pronto hubiera olvidado el incidente; pero la supresión de sus sentimientos habría producido efectos dañinos en su personalidad.

Al manejar su cólera en la forma en que lo hizo, Nehemías nos ofreció un ejemplo. Aunque podemos airarnos por diferentes razones, también tenemos las mismas opciones que él tuvo. Podemos, por ejemplo, excusar nuestras frecuentes explosiones de indignación. Podríamos decir: «Bueno, esa es la forma en que yo soy», sin saber que estamos proyectando la culpa de nuestra acción sobre Dios, nuestros padres y el medio ambiente en que vivimos. La verdad es que, a diferencia de Nehemías, la persona que lo haga no está preparada para admitir que está airada. Automáticamente esta equiparando su indignación con el pecado, al no comprender que el mal en la cólera nace cuando la alimentamos, o albergamos deseos de venganza.

Una segunda reacción puede ser un desplazamiento agresivo de la ira. En el «¡Tú me has hecho actuar de esta forma!», vemos otra vez el intento por parte del individuo de evadir su identificación con el arranque emocional en que ha incurrido. En este caso trata de justificarse. Está afirmando que los demás son responsables de su irritación y mal genio. Su actitud es infantil.

Hay quienes comprenden cuán inmaduro es culpar a personas, situaciones o circunstancias por sus maneras de actuar y sus sentimientos, y por ello se cuidan de no dar ninguna expresión externa de su resentimiento. No quieren perder en público su reputación o alejar de sí a sus iguales. Como resultado, reprimen su ira y con el tiempo olvidan la razón de su hostilidad, pero pasan a convertirse en críticos de espíritu, excesivamente llenos de mecanismos defensivos, muy competitivos, egoístas y hasta deprimidos. Sus actitudes son muchas veces falseadas y su interpretación de los motivos de la actuación ajena es distorsionada.

Nehemías no hizo ninguna de esas cosas. Admitió su ira. Aunque fue producida por circunstancias sobre las cuales no tenía control, no trató de culpar a otros por sus sentimientos. Habiendo admitido que se había enojado «en gran manera», estaba en posición de tratar sus sentimientos correctamente y responder a la situación.

Necesidad de tiempo

Al referirse al incidente, Nehemías dice: «Entonces lo medité». No hizo como muchos acostumbramos cuando nos encolerizamos: murmurar sobre el asunto. Cuando pedimos opinión a otros sobre nuestro problema, lo que realmente deseamos es contar nuestra parte de la historia, punto por punto, con un cierto desagrado fingido, pero lo que en definitiva perseguimos es poner en dificultades la integridad de aquella persona que pensamos que nos ha dañado.

Nehemías estaba bien seguro de sus relaciones y no necesitaba justificarse a los ojos de otros. Estaba primordialmente interesado en lo que Dios pensaba sobre aquella situación. Al «meditar» sobre el particular planteado, evitó la tentación de calumniar a otros y pudo huir del pecado que lleva enlazada toda crítica innecesaria (Santiago 1:19-20,26).

Al reflexionar sobre el asunto detenidamente, se tomó el tiempo necesario para evaluar la situación y decidir cuál era el curso de acción a tomar. De no haberse obligado a este tipo de introspección, podía haber actuado en forma apresurada e indiscreta. Muy a menudo no somos capaces de determinar la razón de nuestra ira, así como nuestra responsabilidad en el asunto debatido. Mediante un examen cuidadoso de las circunstancias que rodean nuestra frustración y nuestro resentimiento, podemos llegar a conocer la gran parte que tenemos en el conflicto. Solo entonces estamos en posición de enfrentamos a los problemas de los demás.

Una delicada confrontación

Habiendo ganado tiempo suficiente para obtener la perspectiva correcta, Nehemías se enfrentó a aquellos que consideraba causantes del mal. Había meditado el asunto y había llegado a una decisión. Vio claramente lo que era necesario hacer y procedió a actuar de inmediato: «Y reprendí a los nobles y a los oficiales».

A menudo, cuando reflexionamos sobre los sucesos, carecemos del valor necesario para enfrentarnos a aquellos con quienes no estamos de acuerdo. Muchas veces, satisfechos de considerarnos con la razón (al menos en nuestra opinión), nos adaptamos a la situación de manera complaciente. Solo bajo una provocación extrema discutimos la causa de nuestro resentimiento con quienes estamos ofendidos. A veces encontramos razones sobradas para no hacer lo que debiera ser hecho.

Habiendo tomado su decisión, Nehemías se enfrentó audazmente a los jerarcas de Jerusalén y les explicó la incongruencia de su conducta.

Entonces convocó a una gran asamblea y tras exponer las acusaciones contra ellos, les brindó una oportunidad a sus oponentes para replicar. Pero ellos «callaron, pues no tuvieron qué responder».

El momento de la reparación

Con la totalidad del pueblo en pleno conocimiento de los hechos, Nehemías se dispuso a llevar todo el asunto a una conclusión satisfactoria. Hablando conciliatoriamente, dijo: «Quitémosles ahora este gravamen. Os ruego que les devolváis hoy sus tierras…»

¿Constituía este intento de unificar el pueblo un signo de flaqueza? ¿Tenía miedo Nehemías de las consecuencias de su acción? ¿Fue por eso por lo que suavizó sus acusaciones? ¡De ninguna manera! Cierto, ahora actuaba conciliatoriamente, pero sin comprometer su posición. Era un hombre de una integridad a toda prueba, y se dirigió a los nobles y a los oficiales desde una situación de firmeza y vigor. En lugar de rebajar sus normas de conducta, los invito a sumarse a ellas.

En el momento de la reconciliación es donde muchos fallamos.

Si tenemos el valor de presentar nuestras propias convicciones y enfrentamos abiertamente a aquellos con quienes no estamos de acuerdo, frecuentemente esperamos lo peor del encuentro. Entonces, cuando rebasamos este enfrentamiento en forma favorable, nos congratulamos por el éxito obtenido, mientras que nuestro contrario se retira decidido a que, en la próxima oportunidad, los resultados serán diferentes.

En el propio movimiento conciliatorio existía un peligro inherente. Nehemías conocía demasiado la naturaleza humana para depositar su confianza en simples promesas verbales. No estaba dispuesto a permitir que el paso del tiempo embotara ciertas memorias o que el cambio de circunstancias alterara las intenciones de los participantes en el acuerdo.

Los que han estado en circunstancias similares saben cuán fácil es para ciertas personas esperar hasta que los detalles de un convenio sean olvidados para entonces volver a las prácticas iniciales. Otros, cuando se les señalan las discrepancias entre su promesa verbal y el cumplimiento de la misma, están prontos a responder: «Pero yo no lo entendí en esa forma». Nehemías era una persona que vivía en el mundo de la realidad. No dejaba nada al azar. Por eso les exigió a los nobles y oficiales un compromiso más efectivo, como algo por escrito o su equivalente. Ellos aceptaron su solicitud y se comprometieron formalmente a actuar de la manera prometida.

Entonces tuvo lugar algo extraordinario, porque «respondió toda la congregación: ¡Amén! (así sea) y alabaron a Jehová».

Este final es importante. Nos muestra que Dios puede ser glorificado cuando manejamos las cosas de una manera apropiada.

---

1 De acuerdo con el versículo 11, el interés cargado por los prestamistas usureros ascendía al 1% mensual, o sea, el 12% anual. Esto era altamente excesivo en dichos días.

2 El profeta Hageo describe las condiciones del pueblo de Judá antes de los tiempos de Esdras y Nehemías. El materialismo lo separaba del Señor. Como resultado, Él comenzó burlándose de sus esperanzas: «Sembráis mucho y recogéis poco». Trataban de disfrutar de la vida, pero no lucían nunca felices, y recibían su jornal «en saco roto» (es decir, nunca salían adelante. Planeaban para el futuro y siempre algún imprevisto se comía los ahorros que trataban de hacer). Si estas condiciones descritas por Hageo continuaron por un largo tiempo, la situación de la gente en Judá se ajusta fácilmente a la descripción de Nehemías 5:2-6.

3 La palabra «reprender» denota no solo un conflicto de opiniones, sino también un método para comenzar a estudiar este candente asunto.

Capítulo 8
Un modelo del pasado

Nehemías 5:14-19

¿Qué es lo que hace de un individuo un triunfador, en tanto que otro en idéntica situación y con la misma capacidad, fracasa? ¿Cómo es posible que algunas personas se ganen la confianza de aquellos a quienes dirigen, mientras que otros no son capaces ni de atraerse seguidores?

Algunos años atrás tuve la oportunidad de trabajar con un administrador cuya carrera estaba marcada por el éxito. Desde el momento en que se hizo cargo de la oficina, todas las cosas mejoraron: las actitudes, la eficiencia, la producción. Sus normas de trabajo eran altas y exigía de cada uno de los empleados el mejor esfuerzo. Aunque era sobradamente exigente, el venir al trabajo constituía un deleite. Con su llegada cesaron las fricciones de mando, y las disputas minúsculas entre mecanógrafas fueron cosas del pasado. La *cooperación* se constituyó en la palabra de orden. Cada persona sabía exactamente el terreno que pisaba y lo que se esperaba de ella.

A medida que fui examinando los diferentes departamentos, comprobé que cada empleado lucía más contento con su trabajo. Los ascensos fueron más frecuentes y todo el personal parecía identificado con el nuevo administrador.

De esta experiencia se podría sacar la conclusión de que la *actitud mental positiva* (AMP) constituía la clave de todo el éxito. Sin embargo esta no era toda la realidad. Había algo mucho más básico trabajando en la vida de aquellos empleados. Era un espíritu de rectitud y de honradez. Cada empleado, desde el asistente del administrador hasta el guardián más subalterno, sabía lo que se demandaba de él.

Los deberes estaban claramente especificados y la integridad personal en cada caso por encima de toda sospecha. Esta seguridad en el personal, trajo consigo una absoluta confianza en el trabajo a desarrollar. La importancia de la integridad fue destacada por el ya fallecido presidente norteamericano Dwight D. Eisenhower. El dijo: «Para que un hombre pueda ser líder necesita tener seguidores. Para tener seguidores, se hace necesario que goce de la confianza de esos hombres. De ahí que la cualidad suprema del líder sea sin discusión alguna, la integridad. Sin ella ningún éxito es posible, ya se trate de un pelotón del ejército, un equipo de fútbol o una oficina. Si los seguidores sospechan que hay simulación o falsedad y comprueban que carece de integridad, su jefatura está condenada al fracaso. Sus acciones y enseñanzas deben coincidir entre sí. La necesidad fundamental sin embargo, es la integridad y la altura de los propósitos».

La integridad innegable de Nehemías, le ayudó a superar todo tipo de oposición externa y resolver con éxito las disensiones internas. Le daba valor y servía para ceñir toda su conducta.

El corazón del asunto

En el capítulo anterior vimos que el trabajo de reconstrucción de la muralla de la ciudad tuvo que ser detenido una vez más. La justicia tenía que ser restaurada. El rico había estado explotando al pobre y esta avaricia precipitó finalmente una crisis. Hizo falta el valor resuelto de Nehemías para que la clase alta de Jerusalén cambiara sus prácticas. Pero, ¿fue tan solo su osadía la que resolvió el problema? Decirle a aquel grupo privilegiado: «Hagan lo que yo digo y no lo que yo hago», habría sido de consecuencias desastrosas. Para resolver satisfactoriamente tan grave problema, la propia conducta de Nehemías tenía que estar por encima de todo reproche. Pero, ¿qué dinámica interna trajo toda la vida de Nehemías a la conformidad con la verdad? Y, ¿cómo esta integridad de su parte le ayudó a enfrentarse a esta nueva crisis?

Nehemías nos explica la razón fundamental de su actitud en el versículo 15 del capítulo 5: «Pero yo no hice así, a causa del temor (reverencial) de Dios». «El temor de Jehová» es descrito como fundamento de toda conducta recta (Salmo 111:10; Proverbios 1:7). Esta situación de temor (reverencial) combina dos ideas opuestas: una de distanciamiento y otra de atracción.

Siempre que una persona llega a la presencia de Dios, cobra una absoluta sensación de ausencia de méritos. Esta fue la experiencia de Isaías, cuando tuvo la visión de la gloria de Dios que llenaba el Templo (Isaías 6:1-5). Pedro exteriorizó también idéntico sentimiento cuando reconoció repentinamente quién era Jesús (Lucas 5:8). La experiencia de estos hombres ilustra esta idea de distanciamiento: el hombre que trata de huir de la presencia de Dios. Reconocían que Dios era santo, en tanto que ellos eran meros pecadores. El resultado era que se sentían sobrecogidos de temor ante él.

En el temor de Jehová hay asimismo un elemento de atracción. Dios es el Todopoderoso que llega hasta nosotros en momentos de necesidad para convertirse en nuestro amparo y fortaleza. Su amor es tal, que nos vemos atraídos instintivamente hacia él. Comprendemos que somos objeto de su gracia. Esto nos brinda confianza para acercarnos a su trono (Hebreos 4:16). Nuestro conocimiento de su presencia va seguido del reconocimiento de nuestra ausencia de méritos (véase Isaías 6:5-7) y de nuestra sumisión a su voluntad. Esto fue lo que Isaías experimentó cuando dijo: «Heme aquí, envíame a mí» (6:8).

La idea radical que se halla en el temor de Jehová [1] es la de *santidad* (2 de Corintios 7:1). Dios nos dice: «Sed santos, porque yo soy santo» (1 Pedro 1:15,16). La esencia de la santidad es la separación del sistema de valores de este mundo para acercarnos a las normas y el sistema de valores de Dios (Deuteronomio 6:4-19). Las personas mundanas de los tiempos de Nehemías podían explotar a su propio pueblo, porque no vivían con temor reverencial de Dios. En cambio, Nehemías podía exclamar: «Yo no lo hice así, a causa del temor de Dios». La verdadera reverencia hacia Dios hace aborrecer el mal (Proverbios 8:13). Nos conduce a una situación en la cual obedecemos gustosamente la voluntad del Señor (Eclesiastés 12:13) y nos prepara para que podamos disfrutar las bendiciones de su amor (Deuteronomio 5:29; Salmo 147:11).[2]

Fue el temor a Dios el que guardó a José de cometer adulterio con la esposa de Potifar (Génesis 39:9). También fue la reverencia por el Señor la que guió a Moisés a renunciar a las comodidades de la corte en Egipto por las privaciones y fatigas del desierto (Hebreos 11:27). Fue asimismo este temor del Señor el que motivó a Pablo a servirlo (2 Corintios 5:11). Y fue esta misma actitud la que permitió a Nehemías enfrentarse a la marea de su tiempo y realizar su trabajo para la gloria de Dios. Este temor de Dios le dio un espíritu de integridad y de justicia práctica, que lo preservó de toda contaminación con el sistema de valores del mundo.

El temor del Señor en forma análoga, controló la conducta de Nehemías hacia el pueblo. Demostró tener una real preocupación por sus hermanos. Cuando estaba en Babilonia, asistió a los mercados de esclavos, donde compró judíos para reintegrarlos a la libertad. Ahora en Jerusalén su solicitud por ellos se manifestaba de nuevo al encararse a aquellos que sistemáticamente los explotaban. Y se debió a la equidad y rectitud de toda una vida, que aquella clase gobernante no pudiera alegar nada ante la justa demanda que se le formulaba (Nehemías 5:8).

La realidad de la reverencia de Nehemías por su Dios queda testimoniada también de otra manera. Sirve también para revelar el orden de sus preferencias. Él no se enriqueció, como habían hecho anteriormente otros gobernadores. En sus memorias nos cuenta que durante los doce años de su gobierno, «ni yo ni mis hermanos comimos el pan del gobernador. Pero los primeros gobernadores que fueron antes de mí abrumaron al pueblo, y tomaron de ellos por el pan (la comida) y por el vino más de cuarenta siclos de plata ... y no compramos heredad; y todos mis criados juntos estaban allí en la obra. Además, ciento cincuenta judíos y oficiales, y los que venían (en visitas oficiales) de las naciones que había alrededor de nosotros» (Nehemías 5:14-17).

Dios había prosperado a Nehemías en el servicio de Artajerjes I, y él tenía lo suficiente para vivir sin necesidad de cargar con tributos a su propio pueblo. Incluso había tomado de su peculio particular para el mantenimiento de sus servidores y para agasajar a los visitantes oficiales. No hay duda alguna de que las posesiones materiales eran para él menos importantes que el trabajo del Señor. Su filosofía de la vida era contraria enteramente al sistema de valores de este mundo.

Uso y abuso de la libertad

El ejemplo de Nehemías pone de manifiesto una importante ilustración sobre la enseñanza de la libertad cristiana en el Nuevo Testamento (Gálatas 5:13,14). Él tenía derecho a esperar respaldo económico por parte de los moradores de la provincia, pero con toda intención se mantuvo por sus propios medios a fin de no constituir una carga para ellos.

En las Escrituras hay orientaciones que nos ayudan a tomar decisiones acerca de nuestra libertad en Cristo (véase 1 Corintios 8:1—11:1; Romanos 14:1—15:13). En primer lugar la libertad debe estar regulada por el amor. Nuestra indulgencia puede hacer errar a las personas que sigan nuestro ejemplo. Esto podía haber sucedido fácilmente en la situación de Nehemías. La disparidad entre ricos y pobres era muy grande. El problema de esperar o no el respaldo del pueblo no podía ser resuelto desde el punto de vista del conocimiento y los derechos. En lugar de ello, la solución debía estar determinada por el amor y sus obligaciones (1 Corintios 8:1-13). Y así, en el espíritu del Nuevo Testamento, Nehemías nos muestra que debemos estar prontos a abstenernos de lo que consideramos como legítimamente nuestro por el bien de los otros (1 Corintios 8:9-13).

Y aun más, de haber aceptado Nehemías lo que legítimamente era suyo (Nehemías 5:14,15), esto habría estorbado con toda seguridad la labor del Señor y socavado su influencia con el pueblo. Sin embargo, prefirió entregarse del todo al pueblo a fin de que los trabajos continuaran (1 Corintios 9). Los otros gobernadores habían abusado de sus derechos y explotado a los moradores de Jerusalén. Si Nehemías hubiera seguido tal precedente. Podía haber adquirido sentimientos de engrandecimiento personal y deseo de posesiones y riquezas, todo lo cual lo habría conducido necesariamente al pecado (1 Corintios 10:1-13). En nuestra sociedad, estos mismos deseos pueden guiarnos al uso incorrecto de nuestra libertad con un resultado semejante al de Lot (Génesis 19), pues nos identificamos con el mundo y nos enredamos en prácticas desagradables para Dios (1 Corintios 10:14-22; Romanos 14:13-23).

Fundamentalmente, son dos los importantes criterios que sirven para guiarnos en el uso de nuestra libertad. En primer lugar, debemos considerar lo que es conveniente y sirve de edificación para otros y en segundo lugar, todo debe hacerse para la gloria de Dios (1 Corintios 10:23 —11:1; Romanos 15:1-13). Esto fue lo que Nehemías hizo. Él examinó la situación del pueblo y consideró inoportuno demandar su remuneración como gobernador. Cualquier insistencia de sostenimiento material habría producido un efecto perjudicial en la población. Con sus ojos fijos en Dios y en el día futuro de recompensa en su día, oró: «Acuérdate de mi para bien, Dios mío, y de todo lo que hice por este pueblo».

El precio del éxito

Nehemías nos muestra después el resultado de que el temor de Dios sea el que motive a la persona: «Y también en la obra de este muro restauré mi parte ... y todos mis criados juntos estaban allí en la obra» (Nehemías 5:16). Su mente se concentraba en una sola cosa cada vez. En esto difería de muchos ejecutivos de corporaciones modernas, que tratan de mantenerse en contacto con la oficina central desde el terreno de golf o el lugar de vacaciones. Nehemías estaba comprometido personalmente en el trabajo realizado. No perdía tiempo en las actividades privadas, con sus distracciones correspondientes. La acusación de un conflicto de intereses, jamás podría serle imputada. Aun sus propios criados trabajaron hombro a hombro con el resto de la población.

Del ejemplo de Nehemías surge un principio muy importante para alcanzar el éxito. A pesar de todo lo que se ha escrito sobre «Cómo llegar a la cumbre del triunfo», pocos escritores se han dado cuenta de la importancia que tiene la sinceridad en los propósitos. No obstante, sin ella no puede existir verdadero liderazgo. Siempre que un líder se muestre más interesado en sí mismo, en sus inversiones y en sus riesgos económicos, que en su trabajo, sus empleados inmediatamente se percatan de ello. Estos a su vez carecerán de motivación y sus objetivos se volverán más difusos, la moral del grupo decaerá, la creatividad se desvanecerá y los planes mejor elaborados se desmoronarán.

Los pastores se enfrentan con el mismo problema. Siempre resulta fácil desviar a cualquiera de su sendero pidiéndole ayuda, bien para causas de algún valor social, o para enseñar en un colegio cercano (con remuneración extra) o supervisar algún programa de construcciones. Cuando esto sucede, se olvida muy pronto la singularidad de propósito que hizo del apóstol Pablo lo que él era (Filipenses 3:13).

Esto no quiere decir que un pastor o un administrador tiene que permanecer las veinticuatro horas del día todos los días de la semana en su trabajo. Lo que quiere decir es que todos debemos fijarnos con claridad un sistema de prioridades o preferencias, y dedicarnos a hacer primero lo que es primero. Si una integridad personal total respalda su dedicación a la tarea encomendada, dicho pastor o administrador llegará a ser un líder exitoso.

La sinceridad de Nehemías iba unida a su austeridad personal. Aquellos que durante los doce años de su gobernación, llegaron en visitas oficiales y compartieron su mesa, debieron quedar asombrados ante la escasa comida ofrecida (Nehemías 5:18). Muy en contraste con otros gobernadores que vivían al límite de sus medios y posibilidades, Nehemías vivía muy frugalmente. ¿Era infeliz por ello? Ciertamente no. Los logros alcanzados en su mandato le brindaban la satisfacción personal que otros gobernantes trataban de alcanzar con sus fastuosos banquetes. Nehemías realizó lo que sabía que Dios quería que hiciera. Esto le ofrecía la felicidad y la satisfacción que otros buscan en las riquezas y en las cosas temporales.

La sombra del destino

Después de habernos ofrecido un conocimiento íntimo de sus motivaciones personales, Nehemías concluye con una oración muy breve: «Acuérdate de mí para bien, Dios mío, y de todo lo que hice por este pueblo». Pero, ¿por qué termina con este tipo de súplica?

Al finalizar esta parte con una oración, nos da una percepción mejor de la forma en que obraba su corazón. Estaba vitalmente comprometido con el presente, pero sin dejar de mirar el futuro. Al igual que Abraham, tenía sus ojos fijos en «la ciudad que tiene fundamentos, cuyo arquitecto y constructor es Dios» (Hebreos 11:8-10). Siguiendo el ejemplo de Moisés, escogió «antes ser maltratado con el pueblo de Dios, que gozar de los deleites temporales del pecado, teniendo por mayor riqueza el vituperio con Cristo, que los tesoros de los egipcios; porque tenía la mirada puesta en el galardón» (Hebreos 11:25,26). Con los ojos puestos en el Señor, podía permitirse renunciar a las legítimas compensaciones a que tenía derecho como gobernador de la provincia situada «al otro lado del río».

La actitud de Nehemías queda ilustrada fielmente en el himno titulado *El mundo no es mi hogar*, cuya palabras expresan:

> La senda ancha dejaré
> Yo quiero por la angosta andar,
> Y muchos no sabrán por qué,
> Mas voy a mi celeste hogar.

Nehemías mantenía una relación práctica, vital y efectiva con Dios. Estaba motivado por su conocimiento de quién era el Señor y fortalecido en el convencimiento y la seguridad de lo que Dios podía hacer. Esta relación con el Altísimo había llevado toda su vida a la conformidad con la verdad y le había dado una honradez interior que atraía a sus semejantes. Su integridad era la base y el fundamento de todas sus relaciones. Le daba asimismo una perspectiva equilibrada del mundo y de su posición en este. Como resultado de todo ello, vemos que podía renunciar a todos sus derechos mundanos para beneficio de su pueblo y del trabajo que se había propuesto. Su gran triunfo proviene de esta integridad inconmovible y de una actuación sin dobleces. Podía renunciar a las ventajas temporales porque le bastaba con la aprobación de Dios. Se daba por satisfecho al saber que su recompensa vendría del Señor.

---

1 Varios sistemas doctrinales han exagerado el temor o el amor de Dios. Los errores que se han derivado de esas enseñanzas afectan tanto la felicidad como el bienestar y la capacidad para responder a la gracia de Dios. La exageración del temor de Dios tiene como consecuencia un legalismo (por ejemplo, un conjunto de reglas o un código moral) que se convierte en la norma aceptada. Siempre que tenemos reglas dictadas por los humanos (objetos impropios de temor), estamos próximos a crear falsas deidades como las existentes en los rituales de adoración y creencias supersticiosas de las religiones paganas. La misma cosa sucede cuando exageramos desproporcionadamente el amor de Dios. Los que hacen énfasis en el amor de Dios e ignoran sus restantes atributos, se fabrican un Dios para ellos mismos, el cual perdonará sus malas prácticas y no castigará sus pecados (Romanos 1:18:32). Esto conduce a una indulgencia excesiva semejante a la adoración sensual de muchas religiones paganas. Ambos sistemas se hallan presentes en los movimientos modernos donde el énfasis se pone en el credo (dogma) de la iglesia o secta o en una sobreindulgencia de la libertad y una redefinición de los principios éticos, como sucede en el caso del «liberalismo» teológico. En nuestras iglesias conservadoras, donde aun existe una fuerte disposición evangélica y la conducta es «prescrita», los creyentes frecuentemente se abandonan a la licencia de sus fantasías. Solamente conservando a Dios en la suprema posición como Señor nuestro, podremos disfrutar de perfecta libertad.

2 Otros pasajes que guardan relación con este tema: Romanos 8:15; Efesios 3:12; 6:5,6; Hechos 9:21; Colosenses 3:2; 2 Corintios 7:1; y Filipenses 2:12.

CAPÍTULO 9
La firmeza ante el enemigo

Nehemías 6:1-9

Nehemías era un gobernante valeroso. Nunca trató de satisfacer sus propios deseos, ni siquiera los de su pueblo. De forma valiente y decidida, se dedicó por completo a la realización de lo que creyó que Dios deseaba que fuese hecho. Se negó a aparentar una excesiva preocupación por los deseos del pueblo alentando sus prejuicios, encauzando sus pasiones o adaptándose a opiniones volubles y transitorias. Solo se dejaba influir por la Palabra de Dios y por ello siguió los principios divinos, y no una política demagógica de conveniencia. Para esto se requería sobrado coraje.

Las consecuencias del fracaso

Cuando regresamos en nuestra lectura al capítulo 6 de Nehemías, vemos que el muro ha sido terminado, aunque no han sido colocadas las puertas (estas se recubrían con metal para prevenir que las quemaran en caso de un ataque a la ciudad, Nehemías 6:1).

Cuando el éxito alcanzado por Nehemías es comunicado a Sanbalat, a Tobías, al árabe Gesem y al resto de los enemigos de los enemigos de los judíos, todos ellos coinciden en que su estrategia inicial ha fracasado. Sin duda, han subestimado al rival que tenían frente a ellos. Han cometido el error de pensar que su fuerza numérica, su posición estratégica y el continuo hostigamiento habrían de resultar suficientes para detener los trabajos. Han fracasado, al no tomar en cuenta los recursos espirituales con que contaba Nehemías (esto es, su Dios; véase Nehemías 2:20; 4:15,20; 6:16; etc.), así como sus abundantes recursos personales.

Bajo circunstancias ordinarias, todas sus estratagemas podrían haber tenido éxito. Los judíos eran fáciles de intimidar. En una oportunidad incluso habían abandonado los trabajos. Pero la clave de toda esta insólita realización y de todo el proyecto radicaba en una sola persona: Nehemías. Él fue quien alentó al pueblo a perseverar y lo ayudó a superar todos los problemas.

Cuando Sanbalat y los demás conspiradores comprendieron que habían sido superados militar, política y estratégicamente por Nehemías, decidieron atacarlo personalmente. Tenían una rencilla personal con él. Primero recurrieron a la intriga (Nehemías 6:1-4); más tarde, a las insinuaciones (6:5-9) y finalmente a la intimidación directa (6:10-14), pensando de esta manera conseguir sus propósitos. El orgullo herido de estos enemigos no se sentiría aplacado hasta que lograran la humillación de Nehemías.

¿Rivales o aliados?

Los recelos de Sanbalat y sus asociados adoptaron primero la forma de una intriga: «Ven», le dijeron «y reunámonos en alguna de las aldeas en el campo de Ono». Esta invitación formulada mediante una carta, es un movimiento muy astuto. Su sola posibilidad constituía por sí una trampa mortal. Los enemigos de Nehemías estaban diciendo en realidad: «Seamos amigos; hemos tenido diferencias en el pasado. Ahora, sin embargo, tú has logrado lo que nunca pensamos que podrías hacer: restaurar la muralla de Jerusalén. No podemos discutir tu derecho a guiar al pueblo judío en la forma que tengas a bien. Gústenos o no, ahora somos vecinos y debemos sobrellevarnos unos a otros. Ahora que el muro ha sido terminado, es el momento apropiado para una conferencia en la cumbre. Escoge alguna de las aldeas en el campo de Ono;[1] allí podremos reunirnos, resolver nuestras diferencias y planear una coexistencia pacífica».

Todo esto puede lucir muy magnánimo. La invitación prometía un arreglo amistoso de todas las viejas diferencias. Parecía aun más razonable, dado que los judíos habían estado oprimidos por largo tiempo, agotados y golpeados por el hambre. La conferencia traería consigo las esperanzas de una tregua y era vista con toda seguridad por los moradores de Jerusalén, como una alternativa muy aceptable frente al perpetuo hostigamiento de que habían sido objeto. ¿Y qué líder con los problemas de sus ciudadanos sobre los hombros, además de la responsabilidad militar de proteger la ciudad, no habría de responder a tan prometedora oferta? Todas las «ventajas» ofrecidas sin embargo pasan por alto un punto muy importante. ¿Hasta dónde se puede confiar en el enemigo cuando este se aparece repentinamente con un ramo de olivo en las manos?

Los historiadores recuerdan que una cosa similar sucedió cuando el papa le prometió a Juan Huss un salvoconducto y un trato justo si asistía al Concilio de Constanza. Estas seguridades prometidas no impidieron que Huss fuese apresado y quemado vivo en la hoguera.

Nehemías sabía bien que sin los dirigentes necesarios en Jerusalén, sus moradores volverían rápidamente a los viejos caminos. El sacerdocio estaba corrompido y los gobernantes eran avariciosos. La explotación produciría el colapso de la moral y las disensiones volverían a apoderarse de la población. Su lugar estaba en Jerusalén. Así, todo se convirtió en una cuestión de prioridades.

Después de llegar a una decisión, Nehemías envió su respuesta: «Yo hago una gran obra y no puedo ir; porque cesaría la obra, dejándola yo para ir a vosotros». Él sabía que los logros obtenidos hasta ese momento debían ser asegurados y para ello estaba planeando ya su «segunda fase» de la operación, o sea, la consolidación del trabajo realizado.

El líder de la reconstrucción se dio cuenta del peligro que había en acceder a la invitación de Sanbalat. Al abandonar la seguridad de la ciudad, se exponía de manera constante al peligro de ser asesinado (Nehemías 6:2; véase Génesis 50:20; 1 Samuel 23:9; Ester 8:3). De hecho, mientras más cartas le enviaba Sanbalat, más servían para confirmar sus sospechas.

Lo ejemplificado anteriormente nos muestra cuán importante resulta la sabiduría práctica (véase Santiago 1:5-8). Nehemías conocía perfectamente cuáles eran sus prioridades, y no permitía que se le desviase ni una pulgada de su realización. Su conducta nos muestra a la vez lo necesario que es gozar de un discernimiento adecuado (Hebreos 5:14), y la importancia del tacto. Prefirió no buscar una discusión con Sanbalat, pero insistió en el ejercicio de su propia autonomía. Su habilidad para interpretar los asuntos claramente y mantener su firmeza en los momentos difíciles, lo guardó de sucumbir a las asechanzas de sus adversarios.

El evangelio de Judas

Al fracasar de nuevo en sus propósitos, Sanbalat y sus asociados pusieron en práctica una nueva estrategia, sustentada en insinuaciones. Sanbalat le envió ahora a su criado con una carta abierta: «Se ha oído entre las naciones y Gasmu (forma arábiga para Gesem) lo dice, que tú y los judíos pensáis rebelaros y que por eso edificas tú el muro, con la mira según estas palabras, de ser tú su rey; y que has puesto profetas que proclamen acerca de ti en Jerusalén diciendo: ¡Hay rey en Judá! Y ahora serán oídas del rey las tales palabras; ven, por tanto, y consultemos juntos» (Nehemías 6:6,7).

Una carta abierta constituye la suma de toda indignidad. Sanbalat sabía que el contenido de la carta pasaría a ser del dominio público inmediatamente. La acusación de traición, aunque falsa y sin fundamento, resultaba suficiente para impugnar los motivos de Nehemías al venir a Jerusalén, empañaba su integridad y minaba su influencia.

Este ataque a Nehemías se servía de un importante principio sicológico. Las personas siempre están dispuestas a creer todo lo malo que se diga de los demás. Pensemos por ejemplo en cuán rápidamente el escándalo se difunde a través de una oficina o de una iglesia. La más leve sospecha de una conducta indiscreta, y la persona afectada es declarada culpable sin mayores aclaraciones. Calumniar los motivos que impulsaban a Nehemías resultaba muy fácil. El rumor circulado podría ser totalmente falso; sin embargo, era imposible para la víctima tratar de aclarar su situación con cada una de las personas que daban oídos a la acusación. Esta carta de Sanbalat que insinuaba una acusación de traición, era usada como un intento de chantaje. El punto fuerte de este nuevo ataque radicaba en el innato terror humano a las represalias. Para alguien menos heroico, esta diabólica amenaza hubiera resultado abrumadoramente poderosa. Nehemías, sin embargo, se enfrentó a esas calumnias con un valor muy digno de alabanza.

Alguna credibilidad podría haberse dado a las palabras de Sanbalat en ese versículo 7. Con la renovación del orgullo nacional judío, era posible que alguien predicara sobre la profecía famosa de Zacarías: «He aquí tu rey vendrá a ti, justo y salvador, humilde y cabalgando sobre un asno» (Zacarías 9:9). Aun en el caso de que tal esperanza pudiera haberse despertado, las palabras de Zacarías se referían a la venida del Mesías, el Señor Jesús, y no a Nehemías. Si Sanbalat era

capaz de apoderarse de los pronunciamientos de un predicador patrió-
tico y distorsionar los mismos, ello nos muestra hasta qué extremos
estos hombres incrédulos eran capaces de llegar a través de una deliberada seudointerpretación de lo obvio y una tergiversación de la verdad para servir a sus propios fines.

La contestación de Nehemías a este nuevo tipo de ataque fue una
abierta negativa: «No hay tal cosa como dices, sino que de tu corazón tu
lo inventas». Esta respuesta es reveladora. Nos muestra que Nehemías
se siente íntimamente seguro. Él sabe que, a fin de cuentas, lo que im-
porta verdaderamente es lo que Dios piense. Esto sitúa el ataque en un
plano completamente diferente. Agrega una nueva dimensión a la oposición de Sanbalat, que el gobernador samaritano ha ignorado de forma
persistente. ¡Esto trae a Dios dentro de la escena y une a Nehemías con
un nivel diferente de la realidad! Esta nueva dimensión es la que le permite soportar la calumnia. Con seguridad, su influencia ha sido socava-
da y su popularidad ha decaído. Los gobernantes locales han estado tratando de encontrar alguna debilidad en su administración, a fin de hacer
valer de nuevo sus antiguas prerrogativas de autoridad. Ahora, con el
distanciamiento del pueblo y todo el mundo consciente de que está sometido al ataque de los enemigos, su tarea será doblemente difícil.

Al enfrentarse con este nuevo tipo de oposición, Nehemías ha re-
currido a la oración: «Ahora pues, oh Dios, fortalece tú mis manos».

Hay momentos en nuestra vida en que encontramos que otros ca-
lumnian nuestras intenciones, nos separan de nuestros subordinados y
debilitan nuestro control de las situaciones. Cuando tal cosa sucede,
una *abierta negativa* de lo plenamente falso y una *oración*, son nuestros únicos recursos.

En una oportunidad trabajé en una facultad donde uno de los ins-
tructores no podía tolerar que nadie fuera más popular con sus estudiantes que él. El resto de los miembros de la facultad resultaba una
amenaza para su identidad. En cierta ocasión particular tuvo lugar una
situación de fricción con uno de sus colegas. El instructor diseminó
sus insinuaciones entre el cuerpo estudiantil y esos rumores llevaron
finalmente a la renuncia de aquel colega, miembro también de la facultad. Desafortunadamente, en este caso la negativa a las acusaciones no estaba complementada por una íntima convicción y seguridad
en el acusado. Como es de suponer, los resultados fueron los deseados
por el instructor: la desaparición de su competidor.

La seguridad personal, como ha destacado Maurice E. Wagner, nace de nuestra relación con la Trinidad (Dios trino). Nuestra relación con Dios Padre, nos da un sentido de *intimidad*. Somos miembros de su familia y nos sentimos seguros en nuestra relación Padre-hijo. Nuestra unión con Cristo, el Hijo, nos ofrece una sensación de *valor*. Dios nos ama de tal manera, que envió a su Hijo a morir por nuestros pecados. Con la redención nos ha hecho coherederos del reino, mostrándonos así nuestro valor. Finalmente, el Espíritu Santo, al morar en nosotros, nos llena de *poder*. Nos prepara para cualquier tarea (nos hace competentes). Estas tres cosas constituyen los cimientos de nuestra seguridad íntima. Esta seguridad es la que nos ayuda a superar las sutiles calumnias de aquellos que impugnan nuestras más sinceras motivaciones y tratan de obstaculizar el trabajo que hacemos.

La bondadosa provisión de Dios

Cuando consideramos la forma en que Nehemías se enfrentó a estos ataques, debemos destacar dos aspectos: su discernimiento y su valor. Cuando recibió las cartas de Sanbalat, pudo vislumbrar la intriga que ocultaban y tuvo conciencia de que los de Samaria planeaban hacerle daño. Como resultado de esta apreciación, evitó una situación potencialmente peligrosa. Su discernimiento también le ayudó a ver los sucesos con toda claridad. Supo que los trabajos de Jerusalén sufrirían si los abandonaba. Estaba consciente de la necesidad de consolidar los logros conseguidos hasta ese momento. Su respuesta al primer asalto de Sanbalat fue, por consiguiente, afirmar su derecho a tomar decisiones según sus propias prioridades.

¿Cómo alcanzó Nehemías este discernimiento? Esta penetración y claridad de juicio se derivan del contacto continuo con la Palabra de Dios (Hebreos 5:13,14; véase Proverbios 2:1-9). Esto es mucho más que la mera lectura de un pasaje selecto de las Escrituras cada día. Requiere una interrelación entre lo que leemos y la aplicación de esa Palabra a nuestra vida, a las situaciones con las que nos enfrentamos. Nehemías era un hombre que vivía íntegramente en la Palabra. Tenía un conocimiento tan íntimo de las revelaciones de Dios, que no debe asombrarnos si había desarrollado una rara capacidad de discernir entre lo bueno y lo malo.

David permitió que las enseñanzas de la Biblia penetraran sus pensamientos y por ello podía exclamar: «¡Oh, cuánto amo yo tu ley.

Todo el día es ella mi meditación. Me has hecho más sabio que mis enemigos con tus mandamientos, porque siempre están conmigo. Más que todos mis enseñadores he entendido, porque tus testimonios son mi meditación. Más que los viejos he entendido, porque he guardado tus mandamientos; de todo mal camino contuve mis pies, para guardar tu palabra ... De tus mandamientos he adquirido inteligencia; por tanto, he aborrecido todo camino de mentira» (Salmo 119:97-104).

Mientras más y mejor comprendamos la Biblia, más aptos seremos para discernir la voluntad de Dios. Mientras más familiarizados estemos con las Escrituras, más fácil nos resultará saber cuáles son los deseos del Señor (por ejemplo, cuales preferencias tener, basados en su dirección) y podremos actuar adecuadamente.

En segundo lugar, cuando los enemigos de Nehemías atacaron su personalidad, él sintió intuitivamente que el dominio de la situación se había debilitado. Su reacción inmediata fue negar pública y abiertamente todas las acusaciones, poner todo aquel asunto en las manos de Dios, confiar en la fortaleza del Todopoderoso y continuar los trabajos emprendidos. No perdió tiempo tratando de justificarse ante propios y extraños. Al poner aquella crisis mediante la oración en las manos del Señor, logró conservar su estabilidad emocional. Entonces quedaba en capacidad de continuar la construcción, dejando al Altísimo la reivindicación de su persona. De no haber actuado así, hubiera pasado el resto del tiempo preocupado y abrumado por todo lo que le rodeaba y esto le habría robado lo mejor de sus esfuerzos.

La vida de oración de Nehemías era muy importante. Lo encadenaba al mundo de la realidad. Él sabía que el Señor era la fuente de su fortaleza (véase Salmos 18:2,32,39; 19:14; 22:19, etc.). De acuerdo con su costumbre en los momentos críticos de su vida, recurrió a la oración. De esta forma dominó siempre las tensiones y ansiedades de su alto cargo.

En el ejemplo precedente, vemos que la breve oración de Nehemías es sencilla, definida y suficiente. Le pide a Dios solamente que fortalezca sus manos. Siente la necesidad de una renovación interna de sus energías y un fortalecimiento de su fuerza de voluntad. Al igual que el profeta Isaías, él sabía «que los que esperan y confían en Jehová tendrán nuevas fuerzas» (Isaías 40:31; véase Salmos 28:7,8; 29:11; 46:1). Por consiguiente, oró pidiendo fortaleza para sus manos, a fin de que los trabajos de la reconstrucción de los muros pudieran continuar y prosperar. Después, siguió en la tarea que Dios le había

NEHEMÍAS: DINÁMICA DE UN LÍDER

confiado. Se sentía feliz y gozoso de poder dejar su reputación y su futuro en las manos de Aquel a quien le había consagrado su vida toda.

Este secreto de serena confianza, de seguridad total en el Señor y esa tranquila disposición de realizar su santa voluntad, fue también el poderoso secreto de Pablo. El apóstol escribió su magnífica epístola a los Efesios, para explicarles a los creyentes del Nuevo Testamento lo mismo que la vida y el ejemplo de Nehemías ejemplificaron tan bellamente para la gente de su tiempo (véase Romanos 15:4; 1 Corintios 10:11).

---

1 Porción de la llanura de Sarón cercana a Ono. Estaba situada cerca de Filistea, donde se hallaban los asoditas, aliados de Sanbalat.

CAPÍTULO 10
Misión cumplida

Nehemías 6:10-19

Algunos cristianos tienen la idea de que si viven para el Señor y actúan correctamente, esto los preservará de toda adversidad. Atribuyen todos los juicios y pruebas a pecados cometidos y como consecuencia, pasan la mayor parte de su vida batallando con una sensación de culpabilidad y de desvalorización personal.

Si Nehemías hubiera tenido una mentalidad semejante, tal vez habría pensado que después de dejar la comodidad y la seguridad de la corte de Artajerjes, lo menos que el Señor podía hacer era bendecirlo con una gobernación pacífica y sin contratiempos. En lugar de ello, encontró oposición no solo de fuera, sino también interna. Según el recuento de ellas que hace él mismo, vemos que antes que nada estaban las *intrigas*.

Todos hemos tropezado en alguna oportunidad con aquellos que en su esfuerzo por entorpecer lo que estamos haciendo, buscan razones para discutir sus diferencias con nosotros. En realidad, lo que pretenden con ello es ponernos a la defensiva. Entonces podrán alegar que no hemos comprendido justamente sus intenciones. La manera más segura de enfrentarse a este tipo de artimaña, es tener una clara comprensión de dónde radica nuestro deber. Existen oportunidades, desde luego, en que una franca discusión del problema es lo más importante. Sin embargo, hay otros momentos en que lo fundamental es la lealtad a nuestros patronos o la adherencia a nuestros principios. Es entonces cuando debemos insistir en cumplir con nuestras prioridades. Esto fue lo que Nehemías hizo. Descubrió el doblez de los hombres de Samaria y les respondió: «Yo hago una gran obra».

¿Por qué debo detener los trabajos para dialogar con ustedes?

Sintiéndose rechazados, los conspiradores de Samaria probaron una nueva estrategia: las insinuaciones calumniantes indirectas. Estas murmuraciones constituían una secuela lógica de la intriga. Pusieron en entredicho los motivos e intenciones de Nehemías. Esta es una forma muy poderosa de ataque, pues toma ventaja de la perversión de la naturaleza humana. Sanbalat y sus asociados empezaron a insinuar: «¿Qué es lo que Nehemías trata de ganar con todo esto?», agregando: «¡No está haciendo toda esta labor completamente de gratis! Tiene que haber alguna ventaja personal en ella». Como vemos, el altruismo de Nehemías era puesto en entredicho.

Este tipo de ataque no es único en su clase. Fue la forma utilizada por Satanás para calumniar a Job (Job 1:9). El patriota Jeremías también se enfrentó a un asalto similar cuando fue acusado de colaborar con el enemigo (Jeremías 37:13). Aun el propio Señor Jesús fue falsamente procesado con cargos de pervertir a la nación y agitar al pueblo (Lucas 23:2,5).

Pero, ¿cuál debe ser nuestra respuesta a este tipo de calumnia? ¿Debemos permanecer callados mientras otros tuercen maliciosamente nuestras intenciones?

La reacción adecuada es una negativa pública y abierta, acompañada por la oración. Siguiendo el ejemplo de Nehemías, debemos negar lo que es completamente falso, reprimir cualquier intento de justificación de nuestras acciones y depositar el asunto enteramente en las manos del único que puede juzgar con entera justicia toda la cuestión (véase Jeremías 10:20; 1 Pedro 2:23). Él es el único ante el cual cada pensamiento y acto será revelado (véase Lucas 12:2; Hechos 17:31; Romanos 2:5,6,16; 1 Corintios 3:13; 4:5, etc.). Esto fue lo que hizo David al ser vituperado por sus enemigos. El Señor Jesús siguió idéntica conducta (1 Pedro 2:21-23). Tal actuación está basada en principios sicológicos sólidos, pues nos hace buscar fuera de nosotros al único en quien podemos confiar. Esto significa dar la soberanía de nuestra vida al Señor y evita la creación de resentimientos internos, resguardándonos de todo pensamiento de venganza (Romanos 12:19).

Densas sombras

Cuando comparamos las experiencias de Nehemías con las nuestras, vemos cómo fue capaz de hacer frente a las fuerzas que trataban de minar su autoridad. Él respondió a la *intriga* con firmeza varonil y encaró las *insinuaciones* con la negación abierta y la oración.

Ahora, al poner nuestra atención en una forma más abierta de ataque, es decir, la *intimidación*, veremos cómo la actividad de Nehemías destaca la importancia y necesidad de la integridad. Era un hombre de inconmovibles principios bíblicos. Su vida toda estaba gobernada por el Libro Santo. Sus preceptos regulaban toda su conducta y trazaban la norma interna que lo hacía actuar en conformidad total con la verdad de la Palabra.

La importancia de las fuertes convicciones espirituales fue destacada por Bernard L. Montgomery, quien fuera Jefe del Estado Mayor de las Fuerzas Armadas Británicas. En su excelente libro *The Path of Leadership* [La senda del liderazgo], el Vizconde Montgomery dice: «Creo firmemente que en todos los aspectos de la vida de una democracia occidental, con su larga tradición cristiana, un líder no atraerá muchos seguidores a menos que posea virtudes cristianas». Montgomery define tales virtudes como prudencia, justicia, fortaleza y templanza.[1] Sin ellas no es posible resistir las duras pruebas de la vida.

Los cristianos vivimos en dos mundos diferentes. Al igual que Nehemías, estamos rodeados de un ambiente pagano. Podemos, sin embargo, disfrutar de los recursos de ese mundo. Debemos seguir las enseñanza de las Escrituras y permitir que la Palabra de Dios produzca en nosotros la veracidad y la personalidad, el compromiso con los principios y la firme adhesión a toda conducta justa, lo cual es esencial si verdaderamente deseamos triunfar en la vida. Lo repentino de ciertas situaciones delicadas en que a veces nos encontramos, nos impide planear en algunas oportunidades para el futuro. Ante una contingencia de esta clase, lo único que puede sacarnos adelante es nuestra integridad. [2]

Veamos cómo todo esto puede ser llevado a la práctica.

Un espía en el armario

Cuando las operaciones de reconstrucción del muro estaban a punto de ser terminadas, Nehemías supo que uno de los sacerdotes, llamado Semaías, se mostraba ansioso de verlo. Este no había podido venir a verlo porque, según el texto bíblico, «estaba encerrado» (al parecer en su casa), sin brindar mayor explicación.

En la oportunidad en que Nehemías visitó a Semaías, este le dijo como quien hablaba con espíritu de profecía [3] que sus enemigos intentaban matarlo, agregando: «Reunámonos en la casa de Dios, dentro del templo, y cerremos las puertas del templo, porque vienen para matarte; sí, esta noche vendrán a matarte».

La proposición de Semaías es de origen pagano. En la antigüedad, las zonas que rodeaban los templos eran frecuentemente el refugio de las personas responsables de diferentes delitos. Dentro del perímetro del templo, los delincuentes se sentían a salvo. El templo al cual se refería Semaías no era un edificio pagano. Era el santuario del Señor de la gloria. Al hacerle dicha sugerencia a Nehemías, el sacerdote estaba confiando en que su nueva «revelación» tranquilizara cualquier recelo que el gobernador de Judea pudiera abrigar. En caso de que él vacilara en ir al templo, Semaías, por su posición, le aseguraba plena inmunidad ante cualquier castigo que mereciera según la Ley.

Es importante notar que cuando Semaías dice: «Reunámonos en la casa de Dios, dentro del templo», usa una expresión con la que se refiere a un lugar sagrado donde les es permitido entrar tan solo a los sacerdotes. El objetivo de esta proposición y esta velada intimidación es llevar a Nehemías a una situación comprometida. Si accede a la supuesta oferta amistosa, sus enemigos pondrían de manifiesto el miedo del gobernador y usarían de esa supuesta cobardía para destruir su influencia. De acceder, igualmente echaría por tierra sus creencias religiosas y pondría de manifiesto su evidente desacato de la ley. Este tipo de conducta lo desacreditaría inmediatamente a los ojos del pueblo judío.

No obstante, Nehemías no está cegado por intereses o seguridades personales ni tampoco impresionado por ninguna supuesta autoridad profética. Él tiene su objeto propio de temor reverente (el Señor) y al andar en absoluta sumisión por sus caminos, está a resguardo de toda caída.

De haber capitulado a los ofrecimientos y lisonjas de Semaías, habría sucumbido ante un objeto impropio de temor (Tobías y sus amenazas de asesinato) y el resultado final hubiera sido solo debilidad y timidez.

La prueba del profeta

La respuesta inmediata de Nehemías fue: «¿Un hombre como yo ha de huir? ¿Y quién que fuera como yo (un seglar) entraría al templo para salvarse la vida? No entraré».

Esta era la mejor respuesta a tal tipo de falacia. Su rechazo nos muestra una vez más su conocimiento de la divina Palabra y hasta qué punto su integridad [4] lo protegía de incurrir en errores. Él sabía que Dios es el autor de la verdad. La verdad es la esencia de la personalidad divina y Dios no puede contradecirse. Puesto que la proposición de Semaías no estaba en armonía con las enseñanzas de la Palabra de Dios, este falso profeta tenía que estar equivocado (véase Deuteronomio 13:1-5; 18:20). Una vez más, el claro discernimiento del gobernador se hizo evidente. Su conversación posterior con el sacerdote acabó de confirmar sus sospechas. Dios no le había enviado ningún mensaje por medio de Semaías; éste le había dicho una supuesta profecía porque estaba al servicio de Tobías. La maldad de su plan y su violación de todos los principios bíblicos, no solo lo desacreditaban como mensajero del Señor, sino que ponían al descubierto todo el nuevo plan tramado por los conspiradores de Samaria (Nehemías 6:13).

Nehemías es resguardado, no por quebrantar la ley de Dios para escapar de ser asesinado, sino por guardarla y cumplirla. Este encuentro con Semaías, sin embargo, dejó en el reconstructor de los muros un profundo reconocimiento de su propia necesidad. Estaba agudamente consciente de lo que constituye el ejercicio del poder y por ello, del carácter sutil e insidioso de toda oposición. Una vez más, recurrió a la oración: «Acuérdate, Dios mío, de Tobías y de Sanbalat, conforme a estas cosas que hicieron; también acuérdate de Noadías profetisa, y de los otros profetas que procuraban infundirme miedo».

Pero una vez más, Tobías y sus asociados fracasaban. De nuevo se equivocaron con respecto al temple de Nehemías. Habían cometido el error de evaluarlo de acuerdo con sus propias normas de conducta. A todo lo largo de su comparación, subestimaron la importancia de su fe práctica y operante.

La conclusión de la labor

Muy a pesar de toda la oposición, la reconstrucción de los muros fue terminada en cincuenta y dos días. Esto era un logro formidable, para una tarea que había sido considerada casi imposible. [5] Cuando los opositores a dichas labores tuvieron noticia del éxito de Nehemías, temieron y «se sintieron humillados y conocieron que por nuestro Dios había sido hecha esta obra». Pero aun con esta irrefutable evidencia de la aprobación divina sobre el trabajo, los enemigos continuaron activos, tanto dentro como fuera de la ciudad. Tobías el amonita tenía familiares en Jerusalén. Se había casado con una judía, hija de Secanías (véase Deuteronomio 23:4), y su hijo había seguido el ejemplo casándose con la hija de Mesulam (Nehemías 6:8; véase también 13:7,8). Muchas cartas se entrecruzaban entre los principales de Judá y Tobías. Las buenas obras de Tobías eran contadas delante de Nehemías, mientras que a dicho enemigo se le referían todas las actividades y movimientos del gobernador de Jerusalén. Las amenazas e insinuaciones se sucedían en ese empeño de Tobías por debilitar el control y la influencia de Nehemías.

El hecho de que este capítulo se cierre con un breve pronunciamiento relacionado con la continua oposición a los trabajos, les agrega una nota de realismo a las experiencias de Nehemías. Así vemos que tras todo lo realizado y logrado por este dinámico personaje, su confianza tenía que mantenerse únicamente en el Señor. De su experiencia podemos deducir que aunque hayamos contraatacado con éxito toda clase de oposición, la vigilancia y la oración deben continuar caracterizando nuestras vidas.

Al concluir esta sección con una referencia a la pugna constante con Tobías, Nehemías trata en cierta forma de desviar nuestra atención de sus maravillosas realizaciones. Esto puede llevarnos a perder la enseñanza más valiosa de todo este pasaje en lo que se refiere a la razón de su éxito. Este éxito puede ser atribuido a tres cosas: su carácter, confianza y coraje.

Las tres «c»

En su trabajo para lograr sus objetivos, Nehemías se enfrentó a obstáculos que hubieran rendido a un hombre de menos capacidad. Los ataques mas abrumadores fueron dirigidos contra su persona. Pudo soportarlos *por lo que era*, y no por quién era. Su vida nos prueba la certeza de esta observación: «Un hombre no tiene más carácter que aquél del que dispone en un momento de crisis». El *carácter* de Nehemías provenía directamente de su santidad práctica y de su estrecha comunión con el Señor. Lo uno sin lo otro, no hubiera producido la calidad de hombría necesaria para enfrentarse a tan implacables enemigos. Lo que Nehemías era ante Dios, facilitó aquella dinámica personal que inspiró a un pueblo derrotado a la realización de una tarea aparentemente imposible. Esta misma calidad de carácter le ayudó a perseverar frente a situaciones que parecían del todo insuperables también. El carácter de este guía excepcional, se derivó directamente de su decisión de vivir bajo la autoridad de las Escrituras. Su conocimiento de la Palabra le daba un claro discernimiento y esto lo alertaba y auxiliaba para no ser engañado por aquellos que aparentaban ser sus amigos.

Devaluamos tanto nuestro carácter como nuestra capacidad de discernir cuando descuidamos el estudio de las Escrituras. Cuando tal cosa sucede, resulta muy fácil sacrificar nuestros altos ideales de justicia e integridad en el altar de lo que resulte más conveniente a nuestro egoísmo. El carácter firme es una cosa positiva. No es la protección de la inocencia, sino la práctica de la virtud, y es lo que constituye la base de un liderazgo eficiente.

En segundo lugar, nos referimos a la *confianza* de Nehemías. A medida que se fue enfrentando a los obstáculos uno tras otro, vimos que cedieron ante el poder de un propósito superior. Según fue encarando Nehemías estas aparentes imposibilidades, todas se vinieron abajo ante su indomable persistencia. Él triunfó en la reconstrucción del muro de una ciudad y en la restauración de la dignidad nacional de un pueblo despreciado, porque poseía la inquebrantable convicción de que estaba realizando el trabajo que Dios deseaba que hiciera. Su confianza en el Señor le quitaba de encima la presión de querer ser «un éxito», preservando su objetividad, sobreponiéndole a los temores que otros trataban de infundirle y liberándolo de toda preocupación indebida (véase Mateo 6:25-34). Su confianza le permitía alzarse por encima de las tormentas de la adversidad para vérselas con los problemas e inspirar a los demás para que dieran el máximo de su rendimiento.

La firmeza de carácter del hombre es una dinámica interna que tiene como resultante la confianza. Esta es contagiosa. Sin ella, no existe liderazgo eficaz. Sin embargo, estas cualidades resultan insuficientes sin *coraje*. El coraje sirve como antídoto poderoso contra el desaliento. Es lo que nos mantiene en marcha hacia adelante cuando todo parece aparentemente perdido.

Nehemías encontró oposición, tanto dentro de Jerusalén como fuera de la ciudad. Las presiones de aquellos que trataban de debilitar su resolución y hacerle renunciar a las metas propuestas eran continuas y persistentes. Ellos sabían que el *temor* podía obstaculizar la búsqueda de soluciones, traer consigo la mediocridad, embotar la creatividad de Nehemías y allanar el camino para el fracaso total. Es aquí donde el coraje de Nehemías entró en juego. Su estrecha relación con el Señor era tal, que no temía lo que otros pensaran de él o intentaran contra su persona. Con esto no se quiere decir que ignorara la oposición, fuera poco cuidadoso de su seguridad personal o diera paso a una actitud de «lo que haya de ser, será». Su fe era de aquellas que mueven montañas. Su confianza en Dios le brindó coraje para seguir trabajando a despecho de las nubes de oposición que se cernían a su alrededor. Audazmente, defendía la causa de la justicia y desdeñaba las cosas que podían inspirar temor. El coraje de Nehemías le ayudó a alcanzar nuevas cimas en sus realizaciones. Armado con estas fuerzas, convirtió los obstáculos en oportunidades, y las pruebas externas en triunfos personales.

El fundamento de todo éxito está en la firmeza de carácter. Este es promovido y asegurado por nuestra entrega a Dios. Esta seguridad en el Señor y en su plan para nuestra vida, nos da seguridad personal, confianza. Finalmente lo que somos y en lo que estamos comprometidos, queda evidenciado por nuestro coraje.

---

1 La prudencia, dice Montgomery, es el hábito de buscar en todos los asuntos la orientación divina.

En esta virtud descansarán la sabiduría, la imparcialidad y el tacto. La justicia, encierra el hábito de dar a cada uno, incluyendo a Dios y al hombre mismo, lo que le corresponde. De ella dependerán los deberes religiosos, la obediencia y la gratitud así como la integridad y la benevolencia con los demás. La templanza, tan necesaria en todas formas de liderazgo, incluye el control de sí mismo para el más alto desarrollo de la naturaleza humana, así como para los fines personales y sociales. De esta virtud dependerán la pureza, la humildad y la paciencia. Finalmente, define la fortaleza como el espíritu que resiste, tolera, y triunfa sobre las pruebas y tentaciones de la vida. De esta dependerán el valor moral, la laboriosidad y la autodisciplina.

2 No creo que ningún sistema ético, por bien intencionado o bien fundado que sea, pueda resistir por largo tiempo las presiones externas, a menos que esté moldeado en la Palabra de Dios.

3 Compare con Nehemías 10:8; 12:42. Semaías debió haber sido una figura prominente en la comunidad y disfrutaba de la confianza de Nehemías. Una persona de menos valía no habría sido elegida para tratar de intimidar al gobernador. Aparentemente, reclamaba ser profeta. Esta no es la primera oportunidad en que un sacerdote que alega tener el don de profecía se vende al enemigo y miente por ganancia monetaria (véase 1 Reyes 22:22).

4 Compare con Salmos 15:1-5; 26:1-3; 28:7; Proverbios 11:3, 5; Isaías 33:15, 16; Ezequiel 18:5-9.

5 Es interesante notar que Nehemías nunca reclama más que lo que ha realizado realmente. En 6:1, sus enemigos se refieren a que la construcción ha sido terminada. Nehemías, sin embargo, sabía que las puertas no estaban aún colocadas. En su relación sobre la tarea, estas no aparecen como finalizadas. Solo cuando todo ha sido concluido, su recuento hace referencia al éxito y la culminación de los trabajos.

CAPÍTULO 11
¡Señor, danos hombres!

Nehemías 7:1-73a

Los líderes saben muy bien cuán importante es proponerse metas realistas. Sin objetivos claros y bien definidos, es imposible en un grupo de trabajo crear un espíritu de grupo. Al fijar las metas posibles, debe hacerse provisión para la evaluación de los progresos alcanzados y la previsión de los futuros objetivos.

El primer objetivo de Nehemías era la reconstrucción de la muralla de la ciudad. Animó al pueblo a realizar dicho trabajo y en distintas oportunidades comprobó los adelantos logrados (Nehemías 4:6; 6:1,15). También hizo concesiones de tiempo para las interrupciones (4:10,13; 5:1-13). Finalmente, los muros fueron terminados, lo cual aprovechó para hacer un recuento de la situación. Los enemigos continuaban hostigándolo pero esto no fue un obstáculo para que pensara en el futuro. La «fase segunda» de la operación, la consolidación del trabajo, había ya tomado forma en su mente (véase Nehemías 7 y 11).

La importancia de la planificación por adelantado ha recibido considerable atención en años recientes. Raymond Brady, editor del *Dun's Review*, señala que «en el mundo de los negocios nunca resulta productivo enfrascarse tanto en los problemas del presente, que perdamos de vista el futuro; tanto sus oportunidades como sus peligros». La planificación es algo que nos concierne a todos, ya sea en el comercio o en la industria, la iglesia o las misiones, la educación o la política. La forma en que Nehemías programó por adelantado, nos señala cómo podemos prepararnos adecuadamente para el futuro.

La búsqueda de la solución

Al examinar los planes de Nehemías para la consolidación de su obra, lo haremos mediante un análisis del capítulo 7. En este capítulo encontramos de nuevo una larga lista de nombres. Esos nombres lo hacen un poco más difícil de manejar que el capítulo 3, donde el texto era de interpretación más fácil debido a la repetición en serie de ciertas expresiones. Esto no sucede ahora con este capítulo 7. ¿Cómo vamos entonces a explicarlo?

En una de sus conferencias en el Seminario de Dallas, el doctor Howard Hendricks decía: «Siempre que se enfrenten a un problema de interpretación escalen el "árbol" del contexto».

Cuando escuché esto, vino a mi mente la experiencia de un amigo del Canadá, miembro de nuestra iglesia. Era capitán de la Real Policía Montada de dicho país. Su notable conocimiento en materia de supervivencia en medios hostiles era tan completo, que había sido comisionado por sus superiores para entrenar a los agentes recién ingresados.

Como es muy frecuente entre los canadienses, nuestro amigo era un gran aficionado a la cacería. En una de sus expediciones se encontró en una ancha pradera sin ninguna montaña ni obstáculo natural que rompiera la monotonía de la línea del horizonte. En una hondonada situada cerca de su campamento, pudo observar el rastro y las huellas de un alce. Siguió las pisadas de dicho animal hasta un desfiladero y de allí continuó hasta unos densos arbustos. Estos arbustos estaban esparcidos a todo lo largo de la planicie. El rastro seguido fue largo, mucho más de lo que él había supuesto originalmente y como el sol declinaba ya en el occidente, sintió una cierta aprensión interna. Esta sensación ocurrió antes de tener la íntima convicción de que estaba perdido. Las condiciones del terreno hacían imposible la visión de ningún promontorio o saliente. La única señal orientadora era la hondonada y esta estaba oculta por los arbustos y malezas de la planicie que había dejado atrás.

Finalmente, divisó un árbol muy alto al borde de uno de los matorrales y subió al mismo, tratando de localizar la barranca orientadora. Las sombras del atardecer se alargaban cada vez más rápidamente y empezó a sentir un frío penetrante. Esto constituía un signo evidente de que esa noche habría helada.

Para gran sorpresa de mi amigo, cuando localizó la hondonada, no estaba situada a su derecha como había supuesto, sino a su espalda. Localizada ya la barranca, solo fue cuestión de tiempo el regresar al campamento.

Solo aquellos que se han aventurado a pasar noches de acampada bajo las estrellas en montes solitarios y apartados, saben bien cuán fácil resulta extraviarse y sentirse perdido. De la misma manera, solo aquellos que han tratado de explicar porciones muy difíciles de la Biblia, saben lo fácil que resulta equivocarse sobre el propósito central del pasaje y encontrarse perdido en sus minucias.

Al abordar este capítulo 7, seguiremos las recomendaciones del profesor Hendricks. Nos treparemos al «árbol» del contexto. Desde este punto ventajoso, seremos capaces de poder mirar los capítulos dejados atrás y tendremos además una buena visión de los próximos por cubrir. Esto nos dirá exactamente dónde estamos y explicará la razón que tuvo Dios para incluir dicho capítulo en su Santa Palabra.

Los capítulos del 1 al 6 nos mostraron cómo Nehemías logró su primer objetivo, es decir, la reconstrucción de los muros de Jerusalén. El capítulo 7 es transicional y registra los primeros pasos hacia la consolidación de la obra. Esta marcha hacia la reafirmación de lo alcanzado va a ser interrumpida prontamente por un despertamiento espiritual (capítulos 8-10), pero se reanudará nuevamente después de que Dios ha preparado el corazón de su pueblo para el gobierno propio (capítulo 11).

Lo primero que notamos en este capítulo, son los nuevos dirigentes que Nehemías le da a la ciudad (Nehemías 7:1-4). Después de esto, Dios mueve el dinamismo del nuevo gobernador de Judea a la realización de un censo de la población. Este es llevado a cabo con el fin de determinar la pureza del pueblo y del sacerdocio, y para preparar la repoblación de Jerusalén (7:5-69). Finalmente, vemos que Nehemías aseguró el mantenimiento de todos los dedicados al servicio del templo (7:70-73).

El resultado de la planificación previa de Nehemías y la inspiración de Dios en dicha obra, es un paso gigantesco hacia un reavivamiento del prestigio nacional, que despertó también en los moradores de la ciudad una íntima necesidad de conocer más los propósitos de Dios sobre sus vidas.

Los líderes se hacen

A medida que Nehemías inicia su «segunda fase», va seleccionando hombres de confianza en quienes poder delegar ciertas responsabilidades: «Luego que el muro fue edificado ... mandé a mi hermano Hanani y a Hananías, jefe de la fortaleza de Jerusalén (porque este era varón de verdad y temeroso de Dios, más que muchos)».

¿Cuáles eran las condiciones que estos hombres poseían? ¿Podía acusarse a Nehemías de nepotismo al nombrar a su propio hermano en la administración de la ciudad?

La acción de Nehemías tiene que ser examinada a la luz de su posición y de su cargo. Al nombrar nuevos dirigentes para el control de la ciudad, con esta actuación como gobernador estaba ejemplificando las palabras vertidas posteriormente por Alexander Hamilton: «El propósito de toda constitución política es, o debiera ser en primer lugar, obtener gobernantes que posean un grado notable de sabiduría y discernimiento, así como la virtud más extrema en la búsqueda del bienestar común de la sociedad; y en segundo lugar, tomar las precauciones más eficaces para conservarlos virtuosos».

En Hanani, Nehemías ve a un hombre que se preocupa por sus semejantes. Habiendo sido criados en el mismo hogar, sabe que su hermano ha recibido la misma educación básica que él tuvo el privilegio de disfrutar. Mientras que Nehemías entró al servicio del rey y llegó a alcanzar una posición distinguida en la corte, el patriotismo de Hanani hizo que abandonara el lugar de su nacimiento y retornara (posiblemente con Esdras) a Jerusalén. Cuando el estado lastimoso de la ciudad y las condiciones del pueblo hicieron necesario presentarle las peticiones al rey, Hanani fue comisionado para marchar sin apoyo y sin previo aviso a Babilonia e interceder por los moradores de la ciudad. Esto nos demuestra no solo su valor (véase Ester 4:16), sino también la confianza que sus compatriotas habían depositado en él. Gracias a todas dichas cualidades, Nehemías no tuvo que vacilar para colocarlo en una de las posiciones de gobernación de la ciudad.

Hananías es hecho jefe de la fortaleza. Su fidelidad al Señor y su lealtad a la Palabra Divina van a ser muy necesarias, con tantos judíos traidores en altas posiciones y tantas familias principales enredadas en las intrigas. Nehemías sabía muy bien, por sus años de relaciones en la corte de Persia, que cuando se intenta un golpe de estado, siempre se hace con el respaldo del ejército al grupo rebelde. Por esta razón, resultaba imperativo tener a un hombre de Dios en tan importante posición.

En esta conducta de Nehemías, vemos una vez más lo sagaz que es en su manera de manipular una situación potencialmente difícil. Aunque el colocar a un miembro de su propia familia en la administración de la ciudad, a primera vista podía aparecer como un acto de nepotismo, el hecho cierto era que Hanani estaba sobradamente preparado para la posición. Además, siendo posiblemente de sangre real, contaba con el respeto de todos los ciudadanos nacionalistas de la ciudad.

Algunos quizá pondrían en duda la sabiduría de esta decisión, porque después de todo, según es posible que razonaran, ¿cuál sería la reacción de Artajerjes al saber que un descendiente del rey David ocupaba una posición tan importante?

Un estudio del gobierno de Artajerjes deja clara evidencia de que mientras el personaje designado ejerciera su responsabilidad bajo la supervisión de un gobernador o sátrapa y permaneciera leal a la corona no existía ninguna oposición por parte de la corte de Persia. Artajerjes practicaba el dicho de Teodoro Roosevelt: «El mejor ejecutivo es aquél que tiene el buen sentido de seleccionar las personas mejores, para aquello que desea que se haga, y mantiene el suficiente control de sí mismo para no entrometerse mientras realizan su labor».

Después de haber seleccionado cuidadosamente los nuevos rectores de la ciudad, Nehemías nos muestra un segundo principio de sana política administrativa: el desenvolvimiento propio de los subordinados. Después de ver que los porteros y cantores, al igual que el resto de los levitas,[1] actuaran como guardas en los muros durante las horas de día, les dio a Hanani y Hananías instrucciones generales para el orden y la defensa de la ciudad (Nehemías 7:3,4). Los levitas supervisarían la apertura y el cierre de las distintas puertas y durante las noches, los ciudadanos todos serían responsables del cuidado de los muros. Durante este nuevo liderazgo el pueblo sería llamado una vez más para mantenerse en guardia «cada cual en su turno y cada uno delante de su casa».

La protección de la ciudad ponía de manifiesto otro asunto de suma importancia. Era espaciosa y tenía pocos habitantes. La necesidad de una renovación urbana era a todas luces evidente. Dios inspiró a Nehemías a realizar un censo de la población. Aunque el programa de repoblar a Jerusalén no sería puesto en marcha inmediatamente por el avivamiento espiritual que estaba a punto de surgir, la preparación para esa repoblación fue hecha por anticipado y dejaba el terreno preparado para su futura realización.

Guardianes del alma

Mientras realizaba sus labores de empadronamiento, Nehemías encontró el libro de la genealogía de los judíos que habían retornado del cautiverio a la ciudad santa con Zorobabel (538 a.C.; Nehemías 7:6-69). Un registro de tipo similar es hallado en el libro de Esdras, capítulo 2.² El censo servía para preparar la repoblación de Jerusalén. Este propósito se pierde temporalmente de vista por las razones encontradas en los versículos 60-65, y vemos que algunas personas son excluidas del sacerdocio. Habían estado oficiando en el Templo y habían trabajado con los demás en la reconstrucción de los muros de la ciudad. Ahora, sin embargo, se les consideraba como «impuros» y se les quita de su cargo. En alguna oportunidad en el pasado sus antecesores se habían mezclado en matrimonio con los gentiles. No había otra alternativa para estos que retornar a sus actividades seculares hasta probar la pureza de su genealogía. ¿No es un tratamiento muy severo para quienes habían trabajado tanto y tan duro en la reconstrucción de la muralla? ¿Qué propósito podría tener este tipo de política inflexible? Todo hacía pensar que aquél era un momento de unificación y no de fragmentación por diferencias doctrinales.

De la misma manera que Nehemías había instituido un nuevo liderazgo para la protección y el bienestar del pueblo de Jerusalén, ahora tomaba las medidas necesarias para preservar el bienestar espiritual de sus moradores.

Su trato aparentemente riguroso con aquellos que no podían probar la pureza de su genealogía, no parece ofender a los comentaristas judíos. Ellos están prontos más bien a reconocer la desobediencia de los que se han mezclado mediante matrimonio con los gentiles y se muestran de acuerdo con la conducta y la actuación de Nehemías. Si el sacerdocio era corrupto, su influencia en definitiva iba a destruir la moral y la fibra espiritual del pueblo judío. El peligro que corría la nación era demasiado grande para ser resuelto a base de meros sentimientos. La pureza del sacerdocio era esencial si se deseaba que el pueblo mantuviera una relación correcta con el Señor.

La enseñanza de este pasaje no deja de tener sus paralelos en nuestros días. Hay hombres ocupando púlpitos en nuestras iglesias, y sin embargo son incapaces de probar su nacimiento espiritual. No saben realmente lo que es el ser salvo. Para ellos la conversión constituye un verdadero enigma, y con sobrada razón deberían ser excluidos de esos púlpitos que detentan. Están casados con falsas doctrinas, sus enseñanzas son corruptas y sus vidas insinceras. Solo aquellos que han experimentado la gracia salvadora del Señor en su vida y han puesto en práctica diariamente los beneficios de su salvación, pueden aspirar a ministrar a otros. De ahí que tengamos tanto que aprender del ejemplo de Nehemías.

Para preparar mejor la «segunda fase» del plan, Nehemías se asegura de que aquellos que sirven en el Templo serán sostenidos adecuadamente (Nehemías 7:70-73). Como consecuencia del censo tomado por Nehemías, vemos que los cabezas de familia adquieren prominencia nuevamente en la comunidad. Habían permanecido oscurecidos por largo tiempo por los diferentes gobernantes de las provincias. Por muchos años no habían podido ejercer ninguna influencia sobre el pueblo. Ahora, sin embargo, vuelven al frente una vez más para trabajar con voluntad y consagración en favor de la obra del Señor. Debe destacarse que el gobernador contribuyó con una generosa donación en favor de la estabilidad económica de aquellos que servían en el Templo.

Responsabilidad o limitaciones

Una revisión breve de la conducta de Nehemías en este capítulo servirá para reforzar principios muy importantes.

En primer lugar, todos los hombres de negocios en posiciones importantes deben preparar a sus subordinados para que puedan asumir lugares de responsabilidad y liderazgo. George Olmstead, general retirado del ejército de los Estados Unidos, señala: «Si nuestro sistema de libre empresa desea probar su superioridad... nuestra mayor esperanza descansa en encontrar y desarrollar jóvenes con cualidades para el liderazgo. La empresa privada será solo tan fuerte y poderosa como lo sean los que la mueven. Nuestra supervivencia económica depende del éxito de nuestro programa para el desarrollo de líderes, no solo en el mundo de los negocios sino en la vida nacional. Este entonces debe ser nuestro objetivo. Nuestro programa para la formación de líderes debe triunfar». El principio enunciado es válido, tanto para nuestras iglesias como para el campo misionero (véase 2 Timoteo 2:2).

Al colocar individuos en posiciones de liderazgo, debemos darles las orientaciones necesarias, delegar en ellos las responsabilidades adecuadas y permitirles tomar decisiones personales cuando así convenga. Debemos esperar que aquellos a quienes les confiemos tareas administrativas sean como Hanani y Hananías, capaces de aprovechar nuestra fortaleza y hacer aparecer cualquier pequeña debilidad suya como cosa irrelevante. Solo mediante el cultivo de líderes pueden nuestras iglesias y sociedades misioneras, negocios e instituciones educacionales, romper el molde de un sistema rutinario de reacción pasiva y adaptarse a las necesidades del presente. Solo entonces pueden estas instituciones convertirse en una fuerza dinámica con visión de futuro. Lo que hace falta es que los líderes sean capaces de brindar a otros la oportunidad de explorar sus propias potencialidades, mediante la creación de nuevas posibilidades para ellos mismos y para los demás.

En segundo lugar, hay necesidad de que los líderes cristianos estén abiertos a la orientación del Señor. Debemos tener nuestros sentidos atentos a su llamado (ver Nehemías 7:5). Los grandes hombres de todos los tiempos han ratificado la importancia de buscar la dirección divina no solo en las grandes actividades de la vida sino también en los pequeños acontecimientos diarios. George Washington Carver fue uno de ellos. En cierta ocasión, observaba: «No hay ninguna necesidad de que andemos sin dirección en mitad de las perplejidades de esta vida. ¿No está dicho claramente "Enséñame, oh Jehová, tu camino y guíame por senda de rectitud"?» Era costumbre del doctor Carver levantarse a las cuatro de la madrugada cada día a pedir la orientación del Señor para su vida. Hablando sobre este hábito, decía: «A ninguna otra hora del día tengo una comprensión mayor de lo que Dios desea de mí, que en esas horas del amanecer, cuando los otros aun duermen». En esta sencilla práctica, encontramos el secreto de su gran éxito en la vida.

Además está la importancia de un recto liderazgo espiritual. La desobediencia y la adherencia a doctrinas falsas (con el consiguiente deterioro de los principios morales) es la causa principal de las condiciones de nuestra sociedad actual. Como siempre sucede, la laxitud espiritual se inicia en nuestros seminarios, y de allí se esparce a los púlpitos. Esto comienza con esas personas que aceptan a Cristo como cabeza de la Iglesia solo de palabra, pero nunca con los hechos, adoptan a la vez una posición de componenda en doctrinas tan importantes como la autoridad de la Palabra y fallan sistemáticamente en la enseñanza de las Escrituras a aquellos que están bajo su ministerio. Lo que necesitamos hoy en nuestros seminarios y púlpitos son hombres que estén sólidamente asentados en la Biblia y que con fidelidad anuncien y declaren «todo el consejo de Dios» (Hechos 20:27). El más grave peligro proviene de los que practican el sincretismo religioso en sus creencias y no son ya capaces de interpretar la Biblia con poder y penetración. Estas personas debían ser sacadas del ministerio, sin tomar en cuenta si se trata de maestros o de predicadores.

Finalmente, en el ejemplo de Nehemías vemos la necesidad de

sostener adecuadamente los trabajos del Señor. Muchos buenos evangélicos que tienen pastorado o laboran en campos misioneros, así como magníficas instituciones que se dedican a divulgar la salvación y la gloria de Dios, sufren de continuos quebrantos económicos, porque los creyentes no ayudan en la forma debida a mantener esos trabajos. Ahora más que nunca, los verdaderos cristianos necesitan respaldar esas organizaciones por medio de sus donaciones para que avance la causa de Cristo.

---

1 Los guardas de las puertas y los cantores eran levitas (Esdras 2:40-42,70; 7:24; 10:23, 24; Nehemías 7:43-45,73; 10:28, etc.). Los sacerdotes y levitas formaban la mitad de la población de Jerusalén (véase Nehemías 11:6-19; 1 Crónicas 9:9-22). La responsabilidad del cuidado del templo era una tarea encomendada tradicionalmente a ellos (1 Crónicas 9:17-22; 26:12-19).

2 C. F. Keil, en su obra «The Books of Ezra, Nehemiah and Esther», demuestra la exactitud de estas listas. John J. Oavis en su Biblical Numerology (1968) ha ampliado sus juicios sobre las dificultades que encuentran los que tratan de reconciliar estos antiquísimos registros. La relación de Nehemías 7, aunque confeccionada muchos años antes de la gobernación de Nehemías brinda evidencia de haber sido compilada después que el pueblo arribó a la «provincia del otro lado del río». Muestra cambios que el original de Zorobabel no podía mostrar.

Capítulo 12
Nueva carga para las baterías

Nehemías 7:73b—8:18

Hace algunos años, un artículo titulado «El escándalo del analfabetismo bíblico» alarmó a los lectores de la revista *Christianity Today*. El escritor, doctor Richard Lyon Morgan, ofreció los resultados de unos exámenes tomados a un grupo de estudiantes de primer ingreso en un colegio preuniversitario asociado con una denominación religiosa. Las preguntas formuladas eran tan elementales como: «¿Dónde nació Jesús?», «¿Cuál es el primero de los cuatro evangelios?», «Nombre alguna de las epístolas de Pablo», etc. El promedio de respuestas correctas fue solo del diez por ciento, y el más alto de todos dichos promedios alcanzó solo el 34 por ciento.

«Los resultados de estos exámenes», dijo el doctor Morgan, «de ninguna manera reflejan la capacidad intelectual de estos estudiantes, porque todos ellos han logrado sobrepasar los múltiples obstáculos que hubieran impedido a los no capacitados la entrada en el colegio. Pero los resultados obtenidos apuntan hacia una crisis real en la enseñanza de la Biblia, tanto en la iglesia como en el hogar. Y ese analfabetismo bíblico no está limitado a los estudiantes mencionados. A despecho de todos los signos en contra existe hambre verdadera por oír la Palabra de Dios».

Muchas personas cristianas parecen descuidar el lugar y la importancia de la Biblia en sus vidas diarias. Son espiritualmente ignorantes de todo lo que Dios ha preparado para ellas. Pero, ¿cómo puede el conocimiento de la Biblia cambiar algo en la vida de una persona? ¿Qué pasos debe dar para salir del abandono en que ha transcurrido su vida?

La verdadera renovación espiritual llega, solo cuando el individuo se toma de su languidez religiosa y apatía moral hacia Dios en sincero arrepentimiento y en fe. Esto exige la sumisión a la autoridad de las Escrituras. Cómo todo ello puede ser parte de nuestra experiencia queda ilustrado en Nehemías 8.

El problema de la libertad

Con la muralla de la ciudad ya reconstruida y dados los primeros pasos en el camino de la consolidación, Dios hizo un alto en la labor.

El pueblo no estaba aun preparado para el gobierno propio. Si se le permitía continuar el camino que estaban tomando con toda seguridad que habrían de fracasar. Existían traidores dentro de la ciudad. La intriga reinaba por todas partes, y se hacía evidente la necesidad de sentar fundamentos sólidos si ciertamente estaban dispuestos a edificar para el futuro.[1] El pueblo necesitaba una renovación espiritual completa que estableciera en él un verdadero sentido de comunidad o *koinonía*.

Daniel Webster hacía énfasis en la importancia de que se pongan los fundamentos apropiados al establecer cualquier nueva sociedad. Después de observar la historia, indicaba: «No existe ninguna base sólida para la civilización, más que la Palabra de Dios. Si nos mantenemos en los principios enseñados en la Biblia, nuestro país prosperará ... La Biblia es un libro que enseña al hombre su propia responsabilidad individual, su propia dignidad y su igualdad con sus semejantes».

Los israelitas necesitaban estar a bien con Dios si deseaban prosperar como nación. Su interés en las realidades espirituales les guió a solicitar de Esdras la lectura de la Ley. Este deseo al parecer se desprendió de tres hechos sin aparente relación: la constancia de Esdras en su ministerio (Esdras 7:10); el ejemplo inspirador de Nehemías y una nueva convicción de la rectitud requerida por Dios. Esta nueva conciencia pudo haberse despertado cuando aquellos que no pudieron probar la pureza de su genealogía fueron expulsados del sacerdocio (Nehemías 7:61-65). Como resultado de la llegada del mes séptimo (tisri),[2] los hijos de Israel abandonaran pueblos y ciudades para viajar a Jerusalén. Allí «se juntó todo el pueblo como un solo hombre en la plaza que está delante de la puerta de las Aguas y dijeron a Esdras el escriba que trajese el libro de la ley de Moisés, la cual Jehová había dado a Israel». Pidieron a Esdras que les leyera el libro de la Ley. Con tal demanda hicieron ver su hambre espiritual por la Palabra de Dios.

La búsqueda de la libertad

Estando todos reunidos en la plaza frente a la puerta de las Aguas, Esdras subió a un púlpito de madera que había sido preparado para esta ocasión (véase Levítico 23:24; Deuteronomio 31:10-13). Apareció en dicho lugar acompañado por trece sacerdotes.[3] Antes de leer la Ley, los guió en oración. Pidió la bendición para todos los presentes y ellos respondieron: «Amén, Amén (¡Así sea!), alzando sus manos al cielo; y se humillaron y adoraron a Jehová inclinados a tierra».

En todas estas acciones vemos el reflejo del deseo de sus corazones. Estaban conscientes de sus necesidades y prontamente se unieron a Esdras para pedir al Señor que fuera benévolo con ellos. Durante esa oración de Esdras, toda la congregación permaneció con sus manos extendidas hacia el cielo, presentando las palmas de sus manos. Esta ha sido una forma tradicional del pueblo judío de decir: «Señor, mis manos están vacías. Nada tengo. Todo lo que necesito viene de ti».

Al guiar al pueblo en oración, Esdras preparó el corazón de los reunidos para la actividad siguiente. Despertó la expectación de ellos recordándoles la fidelidad del Dios del pacto. Al inclinarse en oración ante el Señor, aquel pueblo identificaba sus acciones con la más completa sumisión a la autoridad divina.

Cuando terminó la oración, Esdras desdobló el pergamino y leyó del libro de la ley de Dios «en presencia de los hombres y mujeres y de todos los que podían entender». Otras religiones consideran a las mujeres y los niños como no existentes. Solo en el judaísmo y el cristianismo ambos son tratados con dignidad y respeto.

Hay muchos estudiosos de la Biblia que consideran que Esdras leyó el Deuteronomio. No hay duda de que la reacción del pueblo se ajustaba al contexto de dicho libro. Es posible que leyera diferentes selecciones del Pentateuco (es decir, de los cinco primeros libros de la Biblia).[4] Leía de manera que los penetrara la Santa Palabra, mientras los levitas «hacían entender al pueblo la ley».[5] Las palabras explicadas en esta forma eran comprendidas por todos los que escuchaban y su reacción mostraba el efecto que tenían en su *mente*, su emoción y su voluntad.

En este punto existe un paralelo entre el tiempo de Esdras y el nuestro. Hoy la Iglesia languidece, como resultado del fallo de sus ministros en la enseñanza de la Palabra (2 Timoteo 4:2). Cuando C. H. Spurgeon fue a Londres, encontró que «las personas estaban tan

NEHEMÍAS: DINÁMICA DE UN LÍDER

hambrientas de la Santa Palabra, que un bocado de ella constituía un banquete». Empezó a *comentar* las Escrituras. Una obra de Dios tuvo lugar. Las personas eran salvas, semana tras semana, sin necesidad de evangelista. Muchos años después, cuando Spurgeon murió, se decía que la gente en su congregación sabía más acerca de la Biblia que los propios teólogos. La clave del éxito en este caso radicó en una explosión clara de la Palabra de Dios. Spurgeon la enseñó, las personas la oyeron y la aplicaron a sus vidas (Santiago 1:21-25) y el resultado de todo ello fue un continuo movimiento del Espíritu entre ellas.

Los privilegios de la libertad

La renovación espiritual del pueblo de Judá se inicia con un reto a la mente (Nehemías 8:1-8). Continúa con el efecto que esa exhortación tiene en las emociones del pueblo (8:9-12). Estando ya empapado de las enseñanzas de la ley, el pueblo compara ahora su conducta con las reglas seguidas por el resto del mundo. Cobra conciencia de sus pecados. Comprueban cuánto se han apartado de las normas de Dios (véase Salmo 110:130; Romanos 3:20). El convencimiento de ese pecado arraiga en sus corazones y por ello su arrepentimiento es expresado en llanto delante del Señor.

Los días de fiesta en la adoración de Israel fueron instituidos con el fin de que constituyeran ocasiones de gran gozo (Deuteronomio 12:7,12,18; 14:26; 16:11,14; Zacarías 8:19). Estaban pensados para dar gloria al Señor. Nehemías,[6] Esdras y los levitas le recordaron esto al pueblo, instruyéndolo a fin de que participaran en actos de hospitalidad (Deuteronomio 16:11,14; 26:12; 1 Samuel 9:13; 2 Samuel 6:19). «Id, comed grosuras (Levítico 2:1-3; 6:21), y bebed vino dulce, y enviad porciones a los que no tienen nada preparado (Deuteronomio 14:29; 16:10; 26:12); porque día santo es a nuestro Señor; no os entristezcáis, porque *el gozo de Jehová es vuestra fuerza*». En este pronunciamiento tenemos la esencia de nuestra experiencia espiritual. Es posible que a veces nos tornemos demasiado absortos en nuestros propios fracasos y limitaciones. Esto no es muy saludable. El propósito fundamental por el que existe el hombre es glorificar a Dios y gozar de sus bendiciones. En lugar de ser introspectivos y egoístas, tenemos que vivir más orientados hacia el prójimo (Santiago 1:27). Cuando tomamos interés en otras personas, empezamos a experimentar verdadero gozo.

LAS BASES DE LA RENOVACIÓN ESPIRITUAL

		LECTURA DE LA PALABRA, Nehemías 7:73b—8:8a		
I N T E L E C T O	APELACIÓN A LA MENTE Petición del pueblo	Hambre por la Palabra Todo el pueblo reunido Petición de que Esdras lea la Ley Hombre y mujeres atentos Líderes guiados por el ejemplo	Método adoptado Escribas en sus puestos Exposiciones claras Dan el sentido y permiten al pueblo entender	Fecha: Mes séptimo Primer día 7:73—8:8a
	Ministerio de Esdras	Propagación de la Palabra Reunión de todos desde el alba hasta el mediodía	La fecha: Primer día del séptimo mes	Primer día de la fiesta de las Semanas
	Reto a la mente	Todos prestando atención Firmes en la unidad de propósitos Alzando sus manos	Desde el amanecer hasta el mediodía	
	Respuestas de la mente	Retención de la Palabra Oída y comprendida	Lugar: La plaza exterior del templo frente a la puerta de las Aguas	
		EXPLICACIÓN DE LA PALABRA, Nehemías 8:8b		
S E N S I B I L I D A D		EXHORTACIÓN POR LA PALABRA, Nehemías 8:9-12		
	EFECTO EN LAS EMOCIONES	Respuesta a la Palabra		
	Convicción	Reacción natural 8:9 Emociones (culpa) — llanto		
	Cambio de disposición	Reacción correcta 8:10 Gozo		
		Resultado: Fortaleza, 8:10		
V O L U N T A D		OBEDIENCIA A LA PALABRA, Nehemías 8:13-18		
	RETO A LA VOLUNTAD Descubrimiento de la Palabra	Sumisión a la Palabra Modelo de sumisión 8:13-15,18		
	Instrucción en la Palabra	Acción para implementar la sumisión El pueblo se reúne y entiende, v. 13 Encuentran y pregonan, v. 14		Segundo día 8:13
	Obediencia a la Palabra	Salieron y trajeron ramas, v. 16 Hicieron tabernáculos y habitaron, v. 17 Leyeron la Palabra		(Total, una semana, 8:18)
		Resultado: HUBO ALEGRÍA MUY GRANDE.		

El gozo no es «algo» etéreo divorciado de la realidad. El gozo se convierte en una parte vital de nuestra experiencia, cuando proviene de nuestra relación con Dios. Lo sentimos cuando aumenta nuestro conocimiento sobre todo lo que el Señor ha hecho por nosotros y penetramos en la realidad de lo que significa pertenecer a él y ser aceptado por él. Cuando tal cosa sucede, experimentamos un gozo profundo. De entonces en adelante, nuestra labor se caracteriza por el olvido de nosotros mismos. Somos ya capaces de trabajar para la gloria de Dios.

El pueblo judío del tiempo de Nehemías experimentaba gozo porque el Señor había vuelto a ser de nuevo el centro de su vida. Se sentía seguro ahora en su relación con el Altísimo. Esto le brindaba una sensación de bienestar, protección y cuidado, y una ausencia total de preocupaciones. Asentado en esta seguridad, recobró conciencia de su propio valer. Con las bendiciones recibidas, se sentía capaz de enfrentar el futuro. El resultado de estos acontecimientos se tradujo en fortaleza (1 Crónicas 16:27) y su reacción natural fue la obediencia a la voluntad divina. Y así, «todo el pueblo se fue a comer y a beber y a obsequiar porciones y a gozar de grande alegría, *porque habían entendido las palabras que les habían enseñado»*.

La perpetuación de la libertad

Aunque una renovación espiritual comienza con el conocimiento de la Palabra y está encaminada a tener un efecto determinado en nuestras emociones, no tendrá un efecto duradero a menos que afecte nuestra voluntad. En el párrafo final ya vimos el deseo del pueblo de conocer y hacer la voluntad de Dios (Nehemías 8:13-18).

Al siguiente día se reunieron los cabezas de las familias del pueblo y le pidieron a Esdras que los instruyera en la ley del Señor.[7] Cuando Esdras hace la lectura, comprueban que no han guardado la fiesta de los tabernáculos durante el séptimo mes. Determinan corregir tal omisión. Esta decisión de mantener vigente dicha festividad nos muestra una vez más la sumisión del pueblo a la Palabra de Dios.[8]

Para reiterar ese deseo del pueblo de aprender más de la Ley, debe agregarse la nueva solicitud formulada a Esdras de mantener una lectura diaria del libro sagrado. Con tal fervor, no resultaba extraño que el espíritu de renovación fuera tan evidente. A través de tales manifestaciones, se preparaban para el gobierno propio.

La experiencia del pueblo judío destaca una de las razones por las cuales debemos saturarnos de las enseñanzas de la Palabra de Dios. Tantas ideas nuevas cruzan a través de nuestra mente cada día, que muchas verdades fundamentales son olvidadas. Cuando ignoramos las cosas categóricas de Dios, estamos demostrando falta del discernimiento que con toda seguridad vamos a necesitar cuando encaremos situaciones de diferentes clases. Poniéndonos continuamente en contacto con las enseñanzas de la Palabra, nos mantenemos alertas e informados sobre los principios que deben gobernar nuestra vida.

Las bases de la unidad

El efecto de la Biblia entre el pueblo de Israel, no es muy difícil de seguir. Ella provee a la nación de una base de verdadera unidad. El pueblo aparece indivisible en ese deseo de aprender más de la Palabra del Señor. Todas las clases sociales son incluidas en este objetivo. Esta singularidad de propósitos no solo identifica y agrupa, sino que coloca al pueblo en una situación en que Dios puede bendecirlo. Se asocian para mostrar respeto por la Ley. Mientras anteriormente no eran aptos para el gobierno propio por sus continuas rencillas y desuniones, el espíritu de renovación vino a sanar todas esas disensiones y a medida que el pueblo fue aprendiendo más de la Ley de Dios, su identidad como nación se fortaleció.[9]

Existen muchos comentarios y conversaciones en nuestros días sobre lo que se llama la «unidad» de la iglesia. Una serie de grupos diferentes tratan de aglutinarse en la esperanza de que esa unión les habrá de dar la fortaleza que necesitan. La Biblia insiste en la unión de los creyentes, pero nunca se refiere a iglesias o denominaciones. Aun más, los que abogan ahora por el ecumenismo, establecen las normas para la unidad sobre la base del más bajo común denominador; esto es, aquellas creencias a las cuales todos los participantes pueden suscribirse. El resultado de tamaño compromiso es la erosión de la autoridad de la revelación de Dios al hombre, con lo que se descartan muchas doctrinas que resultan cardinales para la fe cristiana.

En el Nuevo Testamento, este sentido de unidad está expresado por la palabra koinonía: espíritu de participación, confraternidad y unidad. Este es el lazo que une a los creyentes unos con otros. Este sentido de comunidad esta basado en una similaridad de naturalezas (2 Pedro 1:4). Nos ayuda a vivir juntos en armonía gracias a un real sentimiento de amor mutuo (Juan 13:34 y siguientes; 15:12). El resultado práctico de este tipo de confraternidad se manifiesta en la forma en que los cristianos llevan la carga de sus hermanos más débiles (Romanos 1:4; 1 Corintios 8). Esta unidad no queda establecida sobre ningún mínimo común denominador (puntos doctrinales sobre los cuales todos convienen). En lugar de ello, Cristo es mantenido en reverencia como Señor y la sumisión se dirige a la autoridad de Dios Padre. La unidad de fe de que habla la Biblia, permite la diversidad sin divisiones y la uniformidad sin una conformidad controlada. La Palabra de Dios se convierte en nuestra autoridad e influye sobre nuestros negocios y nuestras costumbres sociales. En la misma medida en que sigamos las instrucciones y las enseñanzas de la Biblia, seremos capaces de disfrutar de las bendiciones de Dios en nuestra vida.

Las bendiciones de este tipo de confraternidad son muchas. Además de la comunión personal y corporativa con el Padre (1 Juan 1:3,6) y con el Hijo (1 Corintios 1:9), hay también participación en los sufrimientos de Cristo (Filipenses 3:10) y el Espíritu Santo, que nos guía a toda la verdad (2 Corintios 13:14; Filipenses 2:1) y nos llena de poder para todo tipo de labor, actúa como consejero de nuestra alma cuando nos enfrentamos a decisiones que tomar y no sabemos qué hacer.

¿Cómo pueden todas estas bendiciones ser nuestras? Sometiéndonos enteramente a las enseñanzas de la Palabra de Dios y permitiendo que las Escrituras saturen totalmente nuestros pensamientos, regulen nuestras emociones y dirijan nuestra voluntad. Solamente cuando pongamos en práctica lo que la Biblia enseña, la tranquilidad mental y espiritual y el bienestar emocional pasarán a formar parte de nuestra experiencia. Cómo puede esto ser *obtenido*, aparece explicado en Nehemías 8. La manera en que puede ser mantenido, se describirá en el capítulo 9.

---

1 Existe un paralelo muy interesante entre estos acontecimientos y la historia inicial de los Estados Unidos de América. La importancia de la Palabra de Dios en la vida del pueblo fue resueltamente afirmada por Thomas Jefferson, quien dijo: «La Biblia es la piedra angular del edificio de la libertad». Andrew Jackson proclamó: «La Biblia es la roca en que descansa nuestra república».

2 Dos festividades y un ayuno tenían lugar en Jerusalén durante este mes séptimo (tisri). El primer día del mes era de reposo, con una conmemoración de trompetas (Levítico 23:23-25; Números 29:1-6). Diez días más tarde, esta festividad era continuada con ayuno, el día de expiación (Levítico 16:29 y siguientes; 25:9). Después de esto venía la festividad de los tabernáculos, por toda una semana (Levítico 23:24, 39, 41).

3 Entre los sacerdotes, hay uno nombrado Urías (Nehemías 8:4; véase 3:4, 21). Urías es mencionado igualmente en Esdras 8:33. La aparición de este nombre en ambos libros es de significación histórica. Una cierta escuela de críticos de la Biblia señala que el libro de Esdras sigue al de Nehemías y que debe ser fechado cerca del año 398 a. C. El punto interesante con relación a Urías, es que ya era padre y en la plenitud de su vida activa durante el tiempo de Nehemías y no parece muy probable que hubiera retenido su vigor en la época supuesta como el arribo de Esdras a Jerusalén, si hubiera ocurrido cincuenta años después. Creemos preferible fechar la llegada de Esdras a Jerusalén en el año 458 a.C., o sea, trece años antes del tiempo de Nehemías. Como sucede en muchos casos, la cronología de la Biblia es mucho más de confiar que la de sus críticos.

4 Compare Nehemías 10:30 y Éxodo 34:16; Nehemías 10:31 y Levítico 25:2-7; Nehemías 10:35-39 y Levítico 27:30; Números 15:20, 21; 18:11-32.

5 «Y el pueblo estaba atento en su lugar». La expresión es una traducción literal del texto hebreo. La ley que Esdras leía estaba escrita en hebreo, en tanto que el pueblo hablaba el arameo. Existe una gran similaridad entre estas dos lenguas semíticas. Algunos en el pueblo, sin embargo, no deben haber dominado el hebreo. Por esa razón, Esdras tenía situados levitas en puntos estratégicos a fin de que «hicieran entender al pueblo la ley». Esto comprendía una traducción de lo que Esdras leía, y la explicación de su significado. La expresión «y el pueblo estaba atento en su lugar» indica que había sido separado en grupos. Esto facilitaba la enseñanza de la Palabra.

6 En los capítulos 8—10, Nehemías toma una posición secundaria y deja todos los asuntos casi completamente en manos de los sacerdotes.

7 El pueblo vino a Esdras «para entender las palabras de la ley». Deseaban saber cómo esta se relacionaba con sus vidas. La palabra usada por los hebreos tenía el significado de «prestar inteligente consideración» (véase Salmo 101:2; Daniel 9:13). La mente debe ser iluminada antes de que la voluntad responda.

8 La fiesta de los tabernáculos se remontaba a los tiempos del Éxodo y les recordaba a los judíos la peregrinación de sus antecesores por el desierto. También contemplaba su establecimiento en la tierra bajo el Mesías prometido. Los judíos de los tiempos de Nehemías celebraron esta fiesta con una grandeza tal, como no se había hecho desde los tiempos de Josué, mil años antes.

9 Los israelitas habían sufrido mucho tiempo bajo la garra opresiva de los de Samaria. Eran inferiores en número a sus enemigos. Su necesidad de unión, tanto espiritual como nacional era obvia. Horace Greenly señala que «es imposible esclavizar mental o socialmente a un pueblo amante de la lectura de la Biblia».

Capítulo 13
Las lecciones de la historia

Nehemías 9

A medida que examinamos los caminos de la historia, los encontramos llenos con los despojos de aquellas naciones que olvidaron a Dios. Desde los primeros tiempos hasta nuestros días, no existe un solo recuento de ninguna civilización que pudiera mantener su fibra moral sin un fundamento religioso adecuado. Esto destaca la importancia de la renovación espiritual de los judíos en la provincia. Sin un firme compromiso religioso, no hubieran sido aptos para gobernarse solos.

En Nehemías 8 vemos cómo esa renovación espiritual comenzó por donde siempre debe comenzar: con el apetito por el conocimiento de la Palabra. Cuando la Ley fue leída al pueblo, produjo convicción en los corazones de todos aquellos que la oían. Los vecinos de la ciudad se arrepintieron de sus pecados y se sometieron al Señor. Entonces vino el día de la Expiación y poco después la fiesta de los Tabernáculos. El segundo día de esta festividad, los israelitas se reunieron en solemne asamblea. Los líderes se mostraban ansiosos de solidificar los resultados de aquel despertar espiritual que había tenido lugar.

No resultaba muy difícil comprender este sentimiento por parte de los guías del pueblo. Todos hemos estado en situaciones en que sentimos al Espíritu de Dios trabajando en nuestra vida. Si no aprovechamos totalmente las ventajas de tal experiencia, con el transcurso del tiempo nuestro entusiasmo espiritual se diluye y retornamos al estado anterior. Esdras y los levitas, estaban conscientes de este tipo de debilidad humana, al igual que nosotros lo estamos. Por consiguiente, tomaron medidas para llevar al pueblo a un estado de constante consagración al Señor. El procedimiento aparece descrito en Nehemías 9 y 10. Ambos capítulos forman una sola unidad.

El capítulo 9 hace un recuento de la historia de los israelitas y brinda un preludio apropiado para la firma del pacto que tendrá lugar en el capítulo 10. El capítulo 9 aparece dividido en tres partes principales, como podremos apreciar en el esquema de la página siguiente.

La porción principal cubre los versículos 5 al 31 y examina el programa de redención desde los tiempos de Adán hasta la cautividad en Babilonia. Este segmento contiene cuatro secciones: de la creación a los tiempos de Abraham (5-8); de la cautividad al mar Rojo (5-15); de las vicisitudes en el desierto a la posesión de la tierra (15-25), y de los jueces a la cautividad (26-31).

PREPARACIÓN DEL PUEBLO 1-4	ORACIÓN POR EL PUEBLO 5-31	PROMESA DEL PUEBLO 32-38
Cumplimiento de las condiciones	La gracia de Dios es exaltada; los pecados del hombre son expuestos	Renovación del pacto

El sentido de la historia

«El día veinticuatro del mismo mes [1] se reunieron los hijos de Israel en ayuno, y con cilicio y tierra sobre sí. Y ya se había apartado la descendencia de Israel de todos los extranjeros; y estando en pie confesaron sus pecados y las iniquidades de sus padres. Y puestos de pie en su lugar, leyeron el libro de la ley de Jehová su Dios la cuarta parte del día, y la cuarta parte confesaron sus pecados y adoraron a Jehová su Dios».

Cuando los israelitas se reunieron ante el Señor, dieron muestras evidentes de su arrepentimiento. Su ayuno testificaba en favor de su entrega. El cilicio simbolizaba la contricción y la pesadumbre, mientras que la tierra o ceniza que pusieron sobre sí, patentizaba aun más el pesar de sus corazones (véase 1 Samuel 4:12; 2 Samuel 13:19). Por ser esta una solemne convocación, a los extranjeros que no hubieren abrazado el judaísmo no se les permitía asistir.

Durante tres horas les fue explicada la palabra a los israelitas. Otras tres horas fueron utilizadas para la adoración. Con este tipo de preludio, el pueblo estaba preparado para ser guiado en oración por los levitas. Puesto que los asistentes habían estado arrodillados con la cabeza inclinada, los levitas ahora les ordenaron: «Levantaos, bendecid a Jehová vuestro Dios desde la eternidad hasta la eternidad». Sin discusión alguna, debió haber constituido una visión muy impresionante. Los israelitas eran muy inferiores numéricamente a sus enemigos. Sin embargo, su fe había sido avivada por las promesas de Dios. El ejemplo que ellos sentaron debería animar a los cristianos evangélicos que pudieran pensar de sí mismos como una minoría débil y relativamente ineficaz. Nosotros, al igual que los israelitas de entonces, tenemos la certeza de que la oración es más poderosa que todas las fuerzas combinadas de los humanos. Es la que nos pone en contacto con Dios y nos permite usar todos sus infinitos recursos.

La elección de vida

Los levitas comenzaron su oración con adoración. Contemplaron la majestad de Dios, ensalzaron su poder y describieron su bondadosa intervención en favor del pueblo.

Con este antecedente sentado, los presentes fueron guiados a considerar el *ejemplo* de Abraham. El Señor llamó al patriarca de la tierra de los caldeos y lo guió a la tierra prometida. Con el fin de confirmar su palabra a Abraham Dios hizo un pacto con él (Génesis 12:1-3; etc.).[2] Este pacto prometía tanto a él, como a su parentela y al pueblo de Israel, bendiciones personales, nacionales y universales. Sus provisiones, sin embargo, distaban mucho de la presente experiencia de aquel pueblo que invocaba el auxilio de Dios. Esta disparidad entre la promesa y el estado real de ellos, debió llevarlos naturalmente a formularse una pregunta: «Si el Señor pudo bendecir a Abraham y cumplir el pacto con él, ¿qué debemos hacer nosotros para disfrutar de bendiciones semejantes?»[3] La respuesta a tal pregunta se halla en el *ejemplo* de su antepasado. Él había obedecido al Señor (véase Génesis 26:5). El patriarca había respondido con obediencia en cada oportunidad en que Dios le había hecho saber su voluntad. Había vuelto sus espaldas a la tierra que le vio nacer y en acatamiento, había marchado hacia un lugar remoto y desconocido. Durante su vida entera había vivido en completa sumisión a los mandatos del Señor (Nehemías 9:8). Su ejemplo era una fuente de esperanza y de aliento para los que vivían ahora en Jerusalén. Ellos estaban conscientes de su servidumbre a los persas (9:36-38). Dios, sin embargo, continuaba

NEHEMÍAS: DINÁMICA DE UN LÍDER

siendo el mismo. No había cambiado. La obediencia seguía constituyendo el pasaporte hacia las bendiciones celestiales.

Los levitas concluyeron de manera muy eficaz esta parte de sus oraciones afirmando la justicia de Dios. Debido a su inmutable naturaleza, ellos sabían que habría de tratar justamente a su pueblo escogido. Si ellos retornaban de nuevo al Señor en arrepentimiento y en fe, él se manifestaría poderosamente en favor de ellos (véase 2 Crónicas 7:14; 15:2).

Imágenes perdurables

En su oración, los levitas pasaron a considerar el siguiente período de la historia de Israel. Examinaron los acontecimientos desde la cautividad en Egipto hasta la liberación por Moisés. Al hacer esto, destacaban la grandeza de Dios. Le recordaron al pueblo su compasión y detallaron cómo destruyó el dominio del faraón, el más poderoso monarca de aquellos días. Después volvieron a insistir en que el Señor los constituyó en nación en el monte Sinaí y los guió generosamente por el inhóspito desierto proveyéndoles en todas sus necesidades.

En tanto que Abraham sentó un ejemplo para el pueblo de Israel, este recuerdo del pasado servía para alentarlos sobre el futuro. Todos los actos de Dios son mostrados como ejemplos de su bondad hacia el pueblo. Lo que es necesario de ahora en lo adelante es que ellos retornen a las normas justas, a las leyes verdaderas y a los buenos estatutos que él les brindara y que constituyen los fundamentos básicos sin los cuales ninguna nación puede prosperar (Proverbios 14:34).

Al recordar los actos poderosos de Dios en el pasado, crearon una necesidad en el pueblo. Este comparó su condición presente con lo que Dios había planeado para él y al meditar en lo que hizo por sus progenitores, empieza a abrigar dulces esperanzas para el futuro.

Jugando con Dios

Los levitas siguen su oración con la descripción de las ingratitudes, las rebeliones y los voluntarios olvidos de la Ley de Dios que caracterizaron a aquellos que se establecieron en la tierra prometida. Sin embargo, Dios no arrojó a su pueblo, sino que continuó tratando con él de acuerdo con su fidelidad.

A medida que los judíos escucharon este recordatorio de la paciencia del Señor con el pueblo, tuvieron ocasión de ver cómo sus antecesores habían repudiado el pacto de relación.[4] La historia de la nación servía como un aviso sobre las consecuencias que se derivan del olvido y la desobediencia. Pudieron ver cuán fácil fue para sus padres apartarse del Señor y se les recordó de forma vehemente que aquellos que no aprenden la lección de la historia, están condenados a repetirla eternamente.

A pesar de la falta de fe de sus progenitores, los judíos pudieron constatar las evidencias de la fidelidad de Dios hacia el pueblo. Él les concedió victorias y los dotó de una herencia en la tierra de Canaán. Cuando los levitas repasaron en la mente de los hombres de Israel los sucesos de este período, se extendieron poéticamente acerca de las bendiciones materiales disfrutadas por sus antecesores. Les recordaron que habían capturado ciudades fortificadas y tomado posesión de todas las casas habilitadas de cosas buenas. Bebieron de pozos que no tuvieron que cavar y comieron de viñedos que no plantaron. Disfrutaron de las más ricas bendiciones en esa inmensa bondad de Dios.

Las barreras en el camino de la renovación

Desafortunadamente, la conquista de la tierra nunca fue completada en forma satisfactoria. El obstáculo invariable siempre fue la falta de confianza en el Señor y la desobediencia a sus mandatos. También fracasaron al no ganar experiencia de sus errores anteriores. Los pecados, tanto de omisión como de obra, se repitieron continuamente. Prevaleció en el pueblo una actitud de arrogancia y desobediencia voluntaria. Los Israelitas, sin embargo, pudieron comprobar que la historia siempre se repite, aunque con un precio mayor en cada oportunidad. Por haber arrojado a un lado la Ley que el Señor les había dado, haber matado a los profetas que les envió y haber cometido innumerables actos de desobediencia contra el Creador, fueron entregados en las manos de sus opresores. Naciones enemigas saquearon y arrasaron sus tierras, convirtiéndose en instrumento de Dios para el castigo. Cuando ellos se arrepentían, él bondadosamente los perdonaba. Por algún tiempo, el pueblo anduvo en los caminos de Dios, pero con la muerte del libertador, el ciclo de apostasía y opresión se repetía. Una vez más, los hijos de Israel habían aprendido que la desobediencia les robaba lo mejor del Señor.

Después del período de los jueces, viene la monarquía. Saúl, David y Salomón rigen a la nación sucesivamente. Sus reinos son pasados sin mayores menciones. Cuando el reino se divide, las tribus del norte perduran por un período de 260 años antes de ser tomadas en cautividad por los asirios. Las tribus del sur continuaron por unos 135 años más, pero finalmente fueron deportadas por los babilonios. Solo la gracia de Dios y su bondad impidieron que no fueran totalmente consumidas. Después, en su infinita gracia y benevolencia, Dios los restauró en la tierra que les había prometido. El Templo fue reedificado y ahora ellos mismos habían reconstruido los muros de la ciudad santa.

Esta revisión de la historia nacional dotaba a cada uno de los integrantes del pueblo del estímulo de un ejemplo noble, le brindaba la inspiración de lo que Dios había hecho por ellos en el pasado y le enseñaba las consecuencias abrumadoras de la ingratitud y la inevitabilidad del castigo si no se confesaban los pecados. Pero sin duda, lo más importante de todo ello era la esperanza para el futuro. Una esperanza basada en el carácter inmutable de Dios. Podían ver en el presente el producto del pasado y la semilla del futuro. Su expectación ahora era que el conocimiento de los acontecimientos pasados les ayudaría a evitar el mal y seguir el camino recto (1 Corintios 10:6, 11).

Los levitas llegaron ahora a las súplicas. Tenían esperanzas para el futuro. Fundamentaban sus súplicas en el carácter invariable de Dios y apelaban a él para que los ayudara en los problemas presentes. Comenzaron por contemplar la naturaleza de *Aquel* con quien estaban tratando. Sabían que él es grande y poderoso, de imponente majestad y aterradora presencia (Nehemías 9:9-11). Su fidelidad no puede ser puesta en duda (9:17b-25) y su compasión no tiene límites (9:27-31). Entonces invocaron su auxilio.

La oración de los levitas mueve de manera total y natural al pueblo a un nuevo compromiso con *Aquel* cuyos favores está implorando. Hay en la actitud de los moradores de Jerusalén un deseo intenso de establecer una nueva relación con el Dios guardián del pacto. Solo eso puede satisfacer sus vehementes deseos espirituales y hacer una realidad sus esperanzas nacionalistas. En consecuencia, deciden poner por escrito el solemne acuerdo y sellarlo con las firmas de los líderes del pueblo.[5] De esta forma esperaban conservar el avivamiento del Espíritu Santo que habían experimentado y consolidar los logros de las pasadas semanas.

La búsqueda de un futuro útil

Sobre la importancia de la historia, decía Patrick Henry: «No tengo otra luz para iluminar la senda del futuro, que aquella que arroja sobre mis hombros el pasado». El conocimiento de la historia nos brinda una perspectiva mejor de nuestros problemas del presente. De la historia somos capaces de aprender por el ejemplo de aquellos que nos precedieron. Como señala Longfellow:

> Los grandes hombres tienden a inspirarnos
> Hacia una vida de acciones siempre bellas,
> Para dejar al tiempo de marcharnos
> En la arena del tiempo nuestras huellas.

La historia nos infunde ánimo, recordándonos todo lo que Dios ha hecho en la vida de otros. «Todos transitamos en las huellas de hombres ilustres» y de la experiencia de ellos aprendemos los beneficios de la santidad y las dolorosas consecuencias de la obstinación y la desobediencia espiritual. La historia nos ayuda igualmente a evitar los errores y las falsas prácticas de hombres y naciones. Esto es particularmente cierto en la historia bíblica (véase 1 Corintios 10:6,11).

Los hijos de Israel, por ejemplo, podían encauzar su pensamiento al período de los Jueces y ver repetirse el ciclo del apartamiento de Dios, la disciplina, el arrepentimiento y la liberación (véase Romanos 15:4). Contemplados desde ese mirador, los beneficios de la justicia, la integridad y la moralidad se tornan evidentes.

En segundo lugar, la historia del hombre y su capacidad para disfrutar de la vida tanto individual como nacionalmente, están íntimamente entrelazadas con su conformidad a la voluntad de Dios. Tras observar el testimonio de los siglos, Daniel Webster hizo notar que «si obedecemos los principios enseñados en la Biblia, nuestro país prosperará y continuará prosperando, pero si nosotros y nuestra posteridad, abandonamos sus instrucciones y autoridad, nadie puede predecir cuán súbitamente una catástrofe puede abrumarnos y sepultar toda nuestra gloria en profunda oscuridad» (véase Proverbios 10:22). No existe sustituto alguno para la santidad.

En tercer lugar, podemos tomar ánimo del hecho probado de que Dios está activo en la historia. Podemos a veces sentirnos tentados a dudar de esto. Los israelitas ciertamente no se daban cuenta del cuidado y la amorosa preocupación del Señor por ellos. Esto desde luego no significaba que él no estuviera trabajando detrás de la escena, sin que el pueblo escogido se percatara (compare con Habacuc 1:5 y siguientes). Al conocer la actividad de Dios en el pasado, pudieron conocer más su obra en el presente. Supieron de su *majestad*, cuando oyeron que lo llamaban «Dios grande, fuerte, y temible». Se enteraron de su *fidelidad* en el mantenimiento del pacto a pesar de que el pueblo no lo había cumplido y experimentaron un renacer en sus esperanzas al contemplar su inmensa *compasión*.

Puesto que Dios «es el mismo ayer, y hoy y por los siglos» (Hebreos 13:8), nosotros también debemos tener confianza al acercamos a Eél. Podemos avivar nuestra fe a medida que pensamos en nuestros fallos del pasado y buscamos su ayuda para el futuro. En la medida en que estemos dispuestos a aceptar su voluntad como rectora de nuestras vidas, podremos esperar sus bendiciones.

La visión bíblica de la historia no nos hará ni asombrados optimistas ni descorazonados pesimistas. Nos dará confianza para enfrentarnos al futuro. En ella veremos los triunfos del hombre para Dios y a la vez observamos los esfuerzos de aquellos cuya vida ha producido resultados tangibles. Cuando estos casos son proyectados contra el eterno conflicto del mal y el bien y la tendencia de cada civilización a la decadencia desde los tiempos de Caín (Génesis 4:16 y siguientes), tales comparaciones pueden guiarnos a prever con realismo el futuro. Una visión de esta índole puede corregir nuestro sistema de valores, estimularnos a vivir cristianamente con constancia y hacer de la segunda venida de Cristo un acontecimiento ansiosamente esperado.

---

1 La fiesta de los Tabernáculos duraba del 15 al 22 de tisri (séptimo mes del año religioso judío). El día especial de penitencia descrito en Nehemías 9, no estaba señalado para el 23 de dicho mes (que había sido dejado para servir como una transición del gozo al padecimiento), pero fue conmemorado el Día 24. La fiesta de los Tabernáculos simbolizaba las bendiciones de Israel en el milenio bajo el Mesías. Era un tiempo de gozo. Las condiciones presentes del pueblo eran un eco muy lejano de los sucesos futuros celebrados en esa festividad. Cuando se reunieron el 24 de tisri, fue para tener ayuno.

2 El pacto abrahámico les prometió al patriarca y a su descendencia una tierra: Canaán; una simiente: Isaac, a través de quien vendría el Mesías; y bendiciones personales, nacionales y universales, Abraham murió sin haber recibido todo lo prometido por Dios (Hebreos 11:39,40). En el milenio, sin embargo, siguiendo la resurrección de los justos (Daniel 12:2,3), él y los otros santos del Antiguo Testamento recibirán la plenitud de lo que Dios les prometió.

3 La idea de que las bendiciones de Israel como nación estaban condicionadas a la obediencia del pueblo aparece apoyada por pasajes tales como Éxodo 19:5; 23:22; Levítico 26:3-43; Deuteronomio 7:9,12-15; 11:26-28; 15:4,5; 28:1-14; Salmo 103:17; etc.

4 El rechazo del pacto aparece en el versículo 18. No fue solo que dieran el primer paso hacia la idolatría, sino que en adelante no se refirieron más a la deidad que adoraban como Jehová, el Señor. La palabra usada en el versículo es Elohim, «Dios» y el uso de la misma implica el haber dejado a un lado su pacto único de relación.

5 El contenido del pacto será el tema del capítulo próximo. Nuestro interés al estudiar el capítulo 9, es aprender las lecciones de la historia.

CAPÍTULO 14
Resultados tangibles

Nehemías 10

Cuando el apóstol Pablo les escribió a los cristianos de Roma, los exhortó de la siguiente manera: «Así que, hermanos, os ruego por las misericordias de Dios que presentéis vuestros cuerpos en sacrificio vivo, santo, agradable a Dios ... No os conforméis a este siglo, sino transformaos por medio de la renovación de vuestro entendimiento, para que comprobéis cuál sea la buena voluntad de Dios, agradable y perfecta» (Romanos 12:1,2).

Esta idea de presentarse como sacrificio vivo es sumamente interesante. Su atractivo es doble. En ella hallamos en primer lugar el acto inicial de consagración y después la actividad consiguiente; tanto la crisis inicial como el proceso; tanto el don ofrecido a Dios como la vida consagrada a su servicio.

Existe un contraste principal entre lo que el apóstol Pablo dijo y el sistema de sacrificios del Antiguo Testamento. Los judíos ofrecían sacrificios que habían sido inmolados previamente ante el altar. Aquí el sacrificio llevado ante el altar está en vivo. Lo que exige este tipo de ofrenda es una entrega a Dios de todo lo que somos, tenemos y esperamos ser, para su gloria. En los tiempos del Antiguo Testamento, el fuego consumía los sacrificios. En Romanos 12, Pablo tiene en mente el proceso purificador que nos conduce a la madurez personal. Pero existe un obstáculo. Cuando las cosas se ponen «demasiado calientes» para nosotros, «nos salimos del altar» y regresamos a nuestras andanzas anteriores. Nuestra consagración entonces se torna incompleta y no crecemos espiritualmente como deberíamos.

¿Cómo podemos evitar estas fallas en nuestra consagración? La respuesta aparece en el capítulo 10 de Nehemías.

En nuestro estudio sobre el espíritu de renovación que vino espontáneamente al pueblo judío, vimos que comenzó por el apetito por la Palabra. Después, al conocer el pueblo una vez más su posición ante Dios, los líderes religiosos tomaron las medidas pertinentes para solidificar dichos resultados. Este movimiento para preservar el progreso espiritual alcanzado, comenzó con una descripción de la historia del pueblo judío. Los levitas hicieron un recuento de los fracasos pasados y animaron a la población para hacer un nuevo compromiso con el Señor. Toda esa actividad se realizó con miras a preparar la firma del pacto. Este capítulo contiene la relación de aquellos que firmaron el pacto divino (Nehemías 10:1-27) y el contenido específico de dicho documento (28-39).

LA «FIEL PROMESA»
DECLARACIÓN DE DEPENDENCIA DE ISRAEL

PRELUDIO	LOS REPRESENTANTES SIGNATARIOS			EL PACTO TÉRMINOS DEL PACTO	«LA CASA DE NUESTRO DIOS»	
Hambre por la Palabra	Sacerdotes	Levitas	Dirigentes	**Generales** 1. Guardar la Ley*	1. Contribuciones para el templo (32-33) 2. Ofrenda de leña (34)† 3. Primicias (35)	C U L M I - NACIÓN: «No abandonaremos
	que	que	que	**Específicos** 2. Los Mandamientos 3. Matrimonios mixtos 4. El Sábado	4. Primogénitos (36)‡ 5. Ofrenda para los Levitas (37) 6. Diezmos de los Levitas (38)	la casa de nuestro Dios» (Nehemías
	firmaron	firmaron	firmaron		Obsérvese que el templo está en el centro de la vida.	10:39b).
	10:1-8	9-13	14-27	28-31	32-39	
	EL PUEBLO DEL PACTO			PROVISIONES DEL PACTO		

*La falta de cumplimiento de estas cosas era la que había producido la cautividad.

†Era escasa y costosa
‡Hijos, ganados etc.

—H. G. Hendricks

La genealogía de los comprometidos

El pacto que había sido bosquejado (probablemente por Esdras), es ahora aceptado voluntariamente por los jerarcas de la nación (Nehemías 9:38). Han sido preparados para este paso por dos requisitos previos esenciales: (1) Un conocimiento de lo que Dios demanda de ellos. Esto ha sido alcanzado mediante la lectura de la Ley. Están perfectamente enterados de su posición ante Dios y cuánto se han apartado, de su Ley. (2) El efecto emocional producido por la revisión de su historia. Por medio de ese recuento comprobaron que sus fallas espirituales precedentes fueron la causa de la situación actual. Sin embargo, a pesar del castigo de Dios, pudieron comprender que su amor aún los amparaba y protegía. También habían confesado sus pecados y ahora deseaban ratificar el profundo deseo de su corazón. Por esto deciden entrar en un pacto[1] con un Dios que ha sabido ser siempre fiel a sus promesas.

Nehemías, el gobernador, es el primero en firmar el documento. Aunque había asumido una posición secundaria durante el avivamiento espiritual, ahora dio un paso al frente y sentó el ejemplo para que los demás lo siguieran. El próximo en firmar fue Sedequías. Este debió ser un secretario [2] de Nehemías. Tras ellos firmaron los sacerdotes (Nehemías 10:2-8), los levitas (10:9-13) y los cabezas del pueblo (10:14-27). Finalmente, «el resto del pueblo... y todos los que se habían apartado de los pueblos de las tierras a la ley de Dios con sus mujeres, sus hijos e hijas, todo el que tenía comprensión y discernimiento, se reunieron con sus hermanos... para protestar y jurar que andarían en la ley de Dios... y que guardarían y cumplirían todos los mandamientos, decretos y estatutos de Jehová nuestro Señor». Esto representaba un verdadero paso de avance, particularmente si Eliasib, el príncipe de los sacerdotes (que firmó por la casa de Seraías)[3] y los otros que se habían vendido a Sanbalat y a Tobías (véase Nehemías 6:10-14), realmente estaban dispuestos a mantenerse en el cumplimiento de las condiciones del pacto. Desafortunadamente, no tenemos medios para medir la sinceridad de las convicciones o la realidad de la profesión de fe de algunos de esos líderes religiosos (véase Nehemías 13:4-8).

El resto del pueblo siguió el ejemplo de los cabezas de familia. Como ellos, se separaron de las influencias contaminadoras y se adhirieron a la Ley, dando su apoyo a los que estampaban su firma en el pergamino, con lo que daban a conocer su aprobación y su deseosa aceptación de los términos y condiciones del pacto.

La búsqueda de ideales

De fundamental importancia resulta el pacto en sí mismo. Hay primero la decisión de someterse a la autoridad de las Escrituras (Nehemías 10:28,29). Saben que no pueden esperar las bendiciones de Dios sin la previa obediencia a su Palabra. También saben que deben actuar responsablemente delante del Señor. Orar por las bendiciones del Altísimo y después seguir el camino del mundo no ha de servirles para nada. La propia historia del pueblo judío les ha demostrado los resultados adversos de una lógica tan pobre. La desobediencia siempre ha traído el castigo inevitable y los judíos del tiempo de Nehemías consideraban que ya habían sufrido bastante. Ahora deseaban las bendiciones de Dios y su primera obligación era con la Palabra.

Esta decisión general de colocarse bajo la autoridad de las Escrituras, no constituye ninguna carga (ver Mateo 11:27-30). Siguiendo las enseñanzas del Señor, su vida sería llevada a la conformidad con la verdad. La Palabra de Dios se convertiría en la carta magna de las libertades del pueblo judío, cambiaría su sistema de valores sus intereses y proveería las bases del gobierno. Después de este tipo de pronunciamiento general, los israelitas prometen el cumplimiento de ciertas cosas específicas. Deciden abstenerse de todo tipo de matrimonio mixto.[4] Comienzan al fin a darse cuenta de que casándose con aquellos que no tienen en alta estima las cosas que ellos tienen como sagradas, solo puede lograr la destrucción del hogar. Las diferencias religiosas han tenido como consecuencia una educación deficiente de los hijos en lo que se refiere a los caminos del Señor (véase Nehemías 13:23-29). Esto a la vez ha socavado la sociedad por entero. Cuando las realidades espirituales son puestas a un lado, los valores morales se deterioran y la avaricia, el egoísmo y la opresión pasan a constituir el orden del día. Todo ello lleva a la desunión, en detrimento de la identidad nacional.

La cláusula sobre los matrimonios es seguida por una ordenanza que destaca la importancia de la adoración. Los judíos deciden guardar el sábado, dejar descansar la tierra en el año séptimo y cancelar todas las deudas.[5] De igual manera prometen mantener el templo y sostener a aquellos que ministran en él (Nehemías 10:32- 39).[6] La casa de Dios es de nuevo el centro de su vida. No solo están prontos a asegurar que los sacrificios serán ofrecidos, sino que dejan asegurada también la ofrenda de madera para la casa de Dios. A tal extremo llegan los derechos del Señor sobre su vida, que todo queda a su disposición, ya se trate de hijos, ganado, fruto de todo árbol, vino o aceite.

En el manejo de las contribuciones del templo, un sacerdote se uniría a un levita al momento de recibir los diezmos. De esta forma, ambos grupos estarían representados y los sacerdotes tendrían asegurada su parte.

Finalmente, en una nota de gran solemnidad, todo el pueblo afirma: «No abandonaremos la casa de nuestro Dios» (Nehemías 10:39b). Sin un fuerte núcleo religioso, la nación no sobreviviría por mucho tiempo. Los enemigos eran demasiados y muy fuertes. Necesitaban el tipo de auxilio que venía del Dios que guarda las promesas, si querían que perdurara la sociedad que estaban fundando.

Y así fue firmado el pacto.

El fundamento inmutable

Con este resumen de las especulaciones del pacto, termina la segunda división del libro, que contiene instrucciones espirituales para el pueblo (Nehemías 8:10).

Es interesante notar que el movimiento que comenzó con una solicitud del pueblo de que se le enseñara la Palabra, concluye con una actuación de los guías religiosos, que establecen un sano fundamento teológico para el futuro.

Pero, ¿era esto realmente necesario? ¿Por qué imponer estas obligaciones sobre ellos? ¿No tendrían un efecto inhibitorio en los laicos, limitando con ello el trabajo del Espíritu Santo? Ningún trabajo en favor de la obra del Señor puede prosperar sin entusiasmo. Tradicionalmente, este ha venido siempre del elemento laico. Existe, sin embargo, la necesidad de templar el celo con el conocimiento. Sin las debidas bases doctrinales, podemos convertirnos fácilmente en culpables de un excesivo entusiasmo, o bien poner en vigor y exigir una serie de reglas demasiado rígidas. La iglesia de Corinto fue culpable de esto último y abusó de los dones del Espíritu que había recibido. Los judaizantes de la Iglesia primitiva fueron también culpables de ese exceso de celo. De no haber corregido el apóstol Pablo sus falsas enseñanzas, la Iglesia se habría hundido en un mar de legalismos... Desafortunadamente, un exceso de ardor en los creyentes puede llevarlos a una antinomia o contradicción, mientras que el extremo opuesto puede degenerar en un fanatismo religioso de tipo dogmático. El movimiento de los laicos de Jerusalén, necesitaba la orientación de teólogos bien versados, como Esdras. Los guías del pueblo en la ciudad santa, combinaron de manera muy sabia el entusiasmo de la gente con una sana doctrina religiosa. El celo fue unido con el conocimiento y este a su vez tomó un énfasis práctico al aliarse con él.

Debe puntualizarse que el pueblo aceptó voluntariamente las condiciones del pacto (Nehemías 10:29). Cuando examinamos su situación, desde nuestra actual posición con Cristo, quedamos asombrados del amor de los judíos por la ley, y nos alegramos de nuestra libertad, al recordar las limitaciones tan molestas que ellos

NEHEMÍAS: DINÁMICA DE UN LÍDER

padecían. La historia de la Iglesia está llena de relatos sobre personas que han entrado en pactos con el Señor. En fecha bastante reciente, el doctor George Sweeting, presidente del Instituto Bíblico Moody, ha considerado útil contar su experiencia personal en un libro titulado *Love is the Greatest* [El mayor es el amor]. En su obra nos relata cómo una mañana llegó al total convencimiento de su fracaso personal. Al arrodillarse ante el Señor, se vio como nunca antes lo había hecho. Entonces vació su corazón en confesión y súplica. En ese momento de desolación y angustia, prometió no permitir que ninguna cosa estorbara el desarrollo de la gracia de Dios en su corazón e hizo del amor de Dios la meta de su existencia, con lo que se convirtió tanto en el cimiento como en la superestructura de su vida. En su obra citada, él comparte con nosotros la forma en que podemos disfrutar de esta experiencia.

El pacto de Israel con el Señor contiene importantes principios para todos nosotros. En su base estaba usando la frase de Gladstone, «la roca inexpugnable de la Sagrada Escritura». Los judíos establecieron sus creencias y sus prácticas, basados en las infalibles revelaciones de Dios. Esto los preservó de sucumbir a las teorías engañosas del hombre, por meritorias que parecieran.

Este compromiso con las Escrituras como única autoridad de confianza en materia de fe y práctica religiosa, es exactamente lo que necesitamos en nuestros días. La autoridad de la Biblia ha sido atacada por «amigos» de dentro de la iglesia y por enemigos de fuera. A pesar de toda la crítica, sigue siendo la Palabra de Dios escrita. Para todos aquellos que la acepten, se convierte en guía y medio seguro de resolver todas las contingencias de la vida. Siguiendo sus enseñanzas, podemos aprender mucho más que todo lo que pueda extraerse de la sabiduría del mundo (véase Salmo 119:97 y siguientes; Juan 8:32-36). Ella lleva todas las cosas de esta vida a su perspectiva exacta. La obediencia a sus lecciones se convierte en la base de las bendiciones, tanto personales como nacionales. El doctor Merrill F. Unger ha observado con razón: «Un entusiasmo contagioso entre los cristianos por la Palabra de Dios y un retorno a la fe y la obediencia a sus preceptos, ayudarían mucho mejor a resolver la desesperación y la miseria del mundo actual que todos los planes y esfuerzos de los hombres». Nosotros al igual que los israelitas del tiempo de Nehemías, no podemos permitirnos el descuido de la Palabra de Dios. Debemos leerla con avidez, siempre atentos a la importancia en nuestras vidas del mensaje de su Autor. Debemos obedecer de manera diligente este mensaje y considerar cada una de sus órdenes como mandato supremo de Dios.

A medida que miramos retrospectivamente este capítulo, un segundo principio emerge. Este aparece centrado en la pureza que Dios espera de su pueblo. Ciertamente conocemos la acción purificadora de la Palabra en nuestras vidas (Salmo 119:9). Pero debemos tener en cuenta también su impacto en la sociedad. En respuesta a la Palabra divina, los judíos tuvieron buen cuidado de separarse de todos los idólatras que les rodeaban. Las prácticas religiosas de estos últimos eran particularmente licenciosas y perjudiciales en grado extremo a la vida moral de la nación. A medida que aplicamos este principio de separación a nuestra propia situación, debemos recordar que «las malas conversaciones corrompen las buenas costumbres». Aunque Dios espera de nosotros que vivamos en el mundo, no quiere sin embargo, que seamos de él (Juan 17:4-16; 1 Pedro 1:15,16). La separación, desde luego, no debe ser algo totalmente negativo. Los judíos del tiempo de Nehemías se separaron de aquellos que estaban a su alrededor, por esta identificación con la Santa Palabra, pero la acción agregó una dimensión positiva a lo que se estaba haciendo, ya que los que manifestaron públicamente su intención de guardar lo estipulado por el pacto, vinieron de esta forma a convertirse en el grupo de los consagrados. Podían disfrutar de una confraternidad más plena y gratificadora. De esta forma servían de edificación mutua, y ayudarse a aumentar la fe. Este principio es aplicable a nuestros días. De hecho, esto es lo que constituye la verdadera confraternidad cristiana. Pero esta comunión no puede participar «en las obras infructuosas de las tinieblas» (Efesios 5:11). Es una intimidad con el Padre, el Hijo y aquellos cuya vida es guiada por la verdad (1 Juan 1:3,5-7).

En tercer lugar, los israelitas también sintieron la necesidad de mantener el Templo y los servicios que prestaba. Los encargados de redactar el pacto estaban conscientes de los peligros de la ignorancia moral y espiritual. Podían ver el fuerte eslabón que unía la práctica religiosa con la conducta social y sabían que sin un liderazgo adecuado, el pueblo derivaría muy pronto hacia la ignorancia y el embotamiento espiritual. El templo y los servicios debían convertirse en el centro de su vida y ellos a su vez debían comprometerse a mantener los servicios de adoración.

Sería fácil en nuestro ambiente actual sustituir el templo por la iglesia local. No obstante, hacerlo guiaría a confusiones y errores teológicos. El Nuevo Testamento nos dice que nuestro cuerpo (¡no la iglesia local!) es el templo del Espíritu Santo (1 Corintios 3:16,17; 16:19; 2 Corintios 6:16). Los creyentes son edificados individualmente para constituirse en el templo santo del Señor (Efesios 2:21,22; 4:15,16; 1 Pedro 2:5). Dios aún desea ser el centro de nuestra vida, pero ahora viene a morar dentro de nosotros. En lugar de adorar en forma externa en un santuario material, la adoración se hace ahora de forma interna. Es la respuesta del corazón a Dios (véase Juan 4:21, 23,24). Sin duda, la iglesia local, puede ser una fuerza poderosa de beneficio en la comunidad, pero no debe en manera alguna tomarse como contraparte del santuario del Antiguo Testamento.

Aun con todas esas bendiciones y provisiones, muchos nos preocupamos más por las *cosas externas* de la vida que por las *realidades internas*. El impacto total de esa dimensión espiritual de que el creyente se convierta en el templo de Dios, nos parece un tanto incorporal y difícil de captar. Sin embargo, mientras más permitamos que se desarrolle en nosotros ese ministerio interno del Espíritu de Dios, mejor comprenderemos el privilegio de ese nuevo nacimiento que el verdadero creyente disfruta.

Al mirar de nuevo esta sección, resulta muy alentador ver el curso tomado por el pueblo al responder al movimiento del Espíritu de Dios en medio de él. A medida que cedamos nosotros también a su voluntad, encontraremos que él produce en nosotros el mismo tipo de obediencia a la Palabra, el mismo alto nivel de moralidad, la misma genuina preocupación por las cosas del Señor y el deseo de buscar el bienestar de aquellos que nos ministran en el nombre de Cristo.

---

1 Es significativo que la versión griega de los setenta no use el vocablo sunthéke (acuerdo o convenio entre iguales), sino la palabra diathéke, un término usado para indicar una obligación asumida por una sola de las partes.

2 Los documentos legales eran autenticados normalmente mediante un escriba y testigos, y el secretario de algún oficial importante firmaba en segundo lugar.

3 Por otra parte, si Esdras firmó por la casa de Serías, entonces Eliasib, el príncipe de los sacerdotes, estaba entre aquellos que rehusaron firmar el pacto. (Compare con Nehemías 10:2-8 y 12:1-7). Los que siguen a Semaías en el 12:6, no firmaron el pacto.

4 La propia historia del pueblo judío mostraba la insensatez de los matrimonios mixtos. Véase Éxodo 23:32,33; 34:12-16; Deuteronomio 7:3; Josué 23:12,13; 1 Reyes 11:4; Esdras 9:2.

5 El sábado, Éxodo 20:8-11; Deuteronomio 5:12-15; los años sabáticos, Éxodo 23:10, 11; compare con Levítico 25:2-7; Deuteronomio 15:1-8. La cancelación de deudas, Éxodo 21:7; 22:25-27; Levítico 25:39,40; Deuteronomio 15:10-13.

6 Las Escrituras del Antiguo Testamento están llenas de pasajes relacionados con las actividades y objetos mencionados en este versículo. Véase Éxodo 25:30; 39:38-42; Levítico 4:1-5; 6:12 y siguientes; 23; 24:5-9; 25:2-7; Números 15:22-29; 28:3-29:9, etc.

CAPÍTULO 15
El nuevo comienzo

Nehemías 11

¿Recuerda usted por casualidad los días en que construyó con sus amigos su primera casa sobre un árbol, o convirtió el viejo cobertizo en su refugio particular? Quizá tuviera entonces diez u once años y disfrutaba de toda la seguridad del mundo. ¿Recuerda las ruidosas discusiones cuando eligieron al primer líder de aquel grupo juvenil, fijaron las reglas para sus miembros («No se permiten niñas») y formalizaron los ritos de iniciación?

En esos días, tanto usted como sus pequeños amigos estaban manifestando la necesidad de algún tipo de organización. La elección de dicho líder era una admisión por parte de todos, de la necesidad que sentían de una *autoridad*, y lo invistió de cierto *poder*. A esa edad usted habría desdeñado cualquier clase de *control* y, sin embargo, las reglas de grupo que había aceptado implicaban ciertas limitaciones y su presencia en el mismo evidenciaba su consentimiento. Entonces vino también la delegación de *responsabilidades*, esto es, quiénes habrían de realizar las diferentes tareas. Todo ello fue seguido por esas tardes idílicas en que usted y sus amigos disfrutaban las delicias de aquella autonomía temporal (todos debían estar en casa a las cinco en punto).

En aquellos días, hoy un tanto olvidados por el paso de los años, usted sentó los fundamentos de su propia administración o «gobierno». De hecho la necesidad que sintió de empezar a reunirse con otros es la misma que encara la humanidad en todas partes. Dondequiera que intentamos trabajar juntos a través de una organización, surge una forma de gobierno. Al fijarla, deben existir necesariamente el *consentimiento* de todos los interesados, la aceptación de los controles, la extensión y limitación de los *poderes* conferidos, y una recíproca concesión de *autoridad*, con la aceptación de *responsabilidades*.

Pero las teorías sobre la gobernación, ya se trate de una iglesia, una corporación, un club o un grupo cualquiera, están en conflicto. Las ideologías resultan muchas veces contradictorias. Lo que originalmente fuera pensado «para beneficio público», degenera en muchas oportunidades en codicia y abuso de poder.

Con toda la confusión que nos rodea, resulta importante saber lo que la Biblia dice sobre este particular. Nehemías 11 habla sobre el establecimiento de una nueva forma de sociedad. Todo ello sigue en forma muy natural a la construcción de los muros (Nehemías 1-6) y a la instrucción espiritual del pueblo (8-10).

Innovación y organización

El trabajo iniciado por Nehemías cuando empezó a tomar el censo de la población (Nehemías 7), podía continuar ahora. La escasa población de la capital constituía un grave problema. La ciudad era vulnerable y podía ser conquistada fácilmente por los enemigos. Los líderes del pueblo, como era lógico, vivían en Jerusalén y controlaban el comercio y la industria. La mayoría de la gente, sin embargo, vivía dispersa en villas y poblados cercanos.

En caso de un ataque, Jerusalén resultaba un lugar particularmente peligroso para vivir. Un campesino que residiera a una proximidad razonable de la ciudad, podía ver sus cosechas saqueadas y su ganado robado por los invasores, aunque pudiera escapar con vida escondiéndose de los atacantes. En forma muy similar, las personas establecidas en los poblados cercanos podían huir hacia las colinas vecinas tan pronto como una banda de asaltantes se aproximara a la ciudad. No sucedía así con los que vivían en Jerusalén. La capital sería el punto focal del ataque. Aun más: aquellos que vivían en la ciudad encontraban en ella tanto un centro de penoso esfuerzo, como un sitio de peligro. Las fortificaciones requerían una guardia constante y todo ello le imponía responsabilidades adicionales a la ciudadanía.

Al planear la repoblación de Jerusalén, Nehemías podía haber exigido que ciertas familias vendieran hogares y granjas y se mudaran a la ciudad. Esta, sin embargo, no era su manera de proceder. La decisión sobre la forma de efectuar esta renovación de la ciudad, vino del propio pueblo. Algunos de los judíos que se sentían en ese momento más conscientes de su herencia espiritual que nunca, se mudaron voluntariamente. Esto constituía una muestra de patriotismo, a la vez que un ejemplo de renunciación.

El segundo paso en dicha repoblación de la capital tomó la forma de una acción pública: «El resto del pueblo echó suertes para traer uno de cada diez para que morase en Jerusalén, ciudad santa, y las otras nueve partes en las otras ciudades». En virtud del censo tomado (Nehemías 7), parece como si el gobernador les hubiera explicado las necesidades a los dirigentes de los diferentes pueblos y villas. Estos a su vez deben haber convocado reuniones de vecinos para discutir los mejores medios de llenar las necesidades planteadas. Las poblaciones respondieron positivamente al reclamo y escogieron un método para repoblar a Jerusalén.

La dinámica interna del respaldo a estas decisiones es de suma importancia. Esta se originó en el orgullo que cada judío sentía ahora que Jerusalén es defendible de nuevo. La muralla que se levantaba alrededor de la ciudad les devolvía el sentido de identidad nacional. Este renacer del espíritu nacionalista viene acompañado de una nueva conciencia del pueblo en su relación con Dios. Ellos constituyen el pueblo del pacto y se sienten seguros en presencia del Señor. Hablan de Jerusalén como «la ciudad santa» y echando suertes determinan quienes han de mudarse a la capital. Esta acción de echar suertes muestra la entera sumisión del pueblo a la voluntad de Dios (Proverbios 16:33).[1]

Por falta de un rey en Judá y del gobierno de Jehová sobre el pueblo a través de un representante suyo (teocracia), prevalecía en la provincia una forma de democracia. Era una democracia establecida sobre fuertes fundamentos religiosos. Normativamente, reinaban la justicia, la equidad y la igualdad. Estructuralmente, había distribución de poder. En cuanto a conducta, no existían conflictos de clase alguna. Todo ello tenía su origen en la relación del pueblo con Dios y el deseo de hacer su voluntad.

Modelo y proceso

Con este pronunciamiento general sobre el principio mediante el cual la renovación de Jerusalén sería lograda, Nehemías pasa a señalar las familias que formarían la nueva población de la ciudad. Lo que a primera vista pudiera parecer otra larga y árida relación de nombres, cobra nueva significación cuando pensamos en la estructura y la administración de la ciudad. Dos diferentes grupos son mencionados en Nehemías 11:4-9. Representan dos tribus diferentes. Judá, muy grande, y Benjamín, pequeña. En realidad, en la época de la división del reino, la tribu de Benjamín había sido incluida en el reino del sur, llamado «Judá». Como era natural la identidad e individualidad del grupo había mermado gradualmente. En el pasado los hijos de Fares habían gozado de una envidiable historia (Números 26:21; 1 Crónicas 27:3). Eran admirados y respetados y estaban acostumbrados a salir adelante en sus empeños. Los de la tribu de Benjamín por su parte, eran reconocidos por su valor bravío y por su destreza para la guerra (Génesis 49:27; Jueces 3:15; 20:16; 1 Crónicas 8:40). Ahora que ellos comenzaban a sentir los primeros síntomas de un resurgimiento del orgullo tribal no era de esperar que fueran a permitir que otros dictaran sus conductas. ¿Cómo, entonces, facciones tan disímiles iban a trabajar de acuerdo, cuando cada una de ellas buscaba establecerse en un nuevo medio? ¿De qué manera podrían ajustarse unos a otros?

Todo el asunto del gobierno de la ciudad vino a complicarse aun más con el hecho de que solo unas semanas antes, Nehemías había nombrado nuevos dirigentes para Jerusalén (Nehemías 7:2). Hanani y Hananías apenas habían tenido tiempo de comenzar a desempeñar sus funciones, cuando estos nuevos moradores empezaron a llegar. Esta nueva oleada de residentes venía solo a aumentar los problemas de los dirigentes.

La forma en que Nehemías resolvió este asunto de los nuevos moradores, es explicada en Nehemías 11:9. Si los líderes fueron nombrados por él o elegidos por el pueblo, no aparece aclarado en el texto, pero hemos visto cómo Nehemías siempre prefería una forma democrática de elección. Dejando a un lado este punto, de lo que no hay duda alguna es de que estos hombres eran aceptables al pueblo. En vista de que Hanani había sido colocado al frente de la ciudad, Joel, nombrado prefecto, debía responder ante él, en tanto que Judá, el segundo en la ciudad debía ser responsable directamente ante Hananías, que estaba al mando de la fortaleza.[2] De todas maneras, dos principios importantes pueden verse en la forma en que Nehemías maneja este asunto. Primero, al buscar la felicidad del pueblo, basó su gobierno en la equidad y la igualdad; en segundo lugar, existía una adecuada representación del pueblo a través de sus voceros. Normativamente, estos grupos (y los individuos que estaban dentro de los mismos) constituían un nuevo sistema social. Los líderes gozaban de una autoridad que se les había conferido y eran responsables por la forma en que desarrollaban sus deberes. Valoraban el sentir del pueblo y lo representaban ante sus superiores.

Estructuralmente, existía una adecuada subordinación (esto es, una cadena concisa de mando), una clara distinción de responsabilidades en el trabajo. Cada hombre tenía jurisdicción sobre su propio grupo y cada uno de ellos era responsable ante su superior inmediato por el bienestar de aquellos que estaban bajo su mando. Existía al mismo tiempo representación de los trabajadores en amplio sentido, de manera tal que sabían que sus voces eran oídas.

Desde el punto de vista de la conducta, existía una total ausencia de los altercados y las disputas que acompañan generalmente a los casos de desarraigos y desorganización de familias en gran escala. Sin duda alguna, la realidad de las experiencias religiosas llevó al pueblo a una subordinación de sus propios deseos personales al beneficio de los demás. Se enterraron voluntariamente las diferencias personales y se trabajó en unión a fin de alcanzar la armonía y el espíritu de grupo correcto.

Ritual, alboroto y rebelión

Un examen ulterior de este capítulo nos muestra que otros grupos decidieron venir a residir en la ciudad de Jerusalén. Entre ellos se contaban los sacerdotes que atendían el Templo (Nehemías 11:10-14), los levitas que cuidaban del trabajo exterior de la casa de Dios (11:15-18, 22-24), los porteros y los sirvientes del Templo (11:19-21). Estos grupos tenían ya sus líderes elegidos y Nehemías trabajó con ellos sin necesidad de hacer nuevos nombramientos.

Debe observarse sin embargo, que la inclusión de estos grupos especializados entre los nuevos residentes de Jerusalén, podría haber constituido una amenaza para los dirigentes de la ciudad. Los sacerdotes, por su posición como guías religiosos, gozaban de una gran influencia con el pueblo. No estaban bien dispuestos ni se sentían leales al nuevo gobernador. En ausencia de las preocupaciones mayores, se sentían inclinados a brindar tanto a Nehemías como a sus subalternos responsables solo un respaldo de palabras, pero nunca de acciones.

Sabemos había algunos en la familia del sumo sacerdote, que estaban más interesados en su economía y en su propia prosperidad material que en los asuntos espirituales. Estos individuos podían llegar fácilmente a decisiones políticas contrarias a los, principios establecidos por el nuevo gobernador (por ejemplo: Nehemías 7:3,4; 13:19-22). De igual manera podían movilizar camarillas políticas para crear una agitación pública que redundara en descontento con la administración de Nehemías.

Es muy interesante notar que a pesar de la relación única mantenida por el pueblo de Israel con Dios, Nehemías no formó su administración fundamentada en el sacerdocio. Las entidades políticas y religiosas son mantenidas separadas. La herencia espiritual de Israel formó las bases del sistema de gobierno y reguló sus normas éticas, pero los sacerdotes no gobernaron al pueblo. Nehemías estableció diferenciaciones entre los deberes religiosos y las preocupaciones seculares y fue lo suficientemente sabio para usar esta división natural en la distribución de responsabilidades y en la división administrativa del gobierno de la ciudad. Haber hecho otra cosa solo hubiera contribuido a estorbar la consolidación.

¿Y qué acerca de los levitas, guardias y otros sirvientes del templo? Ellos eran también descendientes de Aarón, pero a diferencia de sus hermanos los sacerdotes, eran los responsables del trabajo externo de la casa de Dios. ¿Se sentían inferiorizados por ello? ¿Podía esto conducir a un oculto resentimiento que habría de manifestarse después en otras formas?

Todas estas situaciones podían hacer que Nehemías y sus subordinados se sintieran amenazados por los que ahora arribaban a la ciudad.

En vez de fundar una democracia secular, el nuevo gobernador demostró cómo una forma de gobierno establecido sobre sanos principios bíblicos podía y debía funcionar. Las dificultades que pudieran haberse levantado fácilmente, fueron evitadas gracias al reciente despertar espiritual del pueblo.

La fuente de la fortaleza

Finalmente, al establecer su nueva forma de gobierno, Nehemías desplegó la fortaleza interna que debe caracterizar a un líder triunfante: su confianza en el Señor. Aquellos que pudieron haber constituido una amenaza, no lo fueron gracias a su fe y su confianza totales en Aquel que lo había llamado para el trabajo.

La inseguridad surge cuando alguien por una razón u otra no llega a sentirse parte del grupo, sufre por lo poco que se estima su trabajo o carece de confianza en sí mismo. Los cristianos son muy propensos a sufrir estas cosas. Afortunadamente, Dios ha hecho las provisiones necesarias para nuestras necesidades. El amor del Padre es tan grande, que envió al Señor Jesús a este mundo, para que a través de su muerte pudiéramos convertirnos en miembros de su familia (Juan 1:12-14). Como se ha mencionado previamente, este sacrificio nos ha brindado la seguridad de que formamos parte de esa familia. Cuando aceptamos al Señor Jesús como nuestro Salvador, Dios Padre nos acepta como hijos y nos hace no solo herederos, sino coherederos también, conjuntamente con Cristo. Esto nos brinda un sentimiento de valía. Con nuestra conversión, el Espíritu Santo viene a morar en nosotros y con su poder en nuestra vida, somos capaces de cualquier tarea. Esto nos hace competentes. La convicción de intimidad con el Señor, la comprensión de nuestro nuevo valor y el conocimiento de que el Espíritu Santo mora en nosotros, nos llena de la seguridad necesaria para nuestro trabajo y nuestras relaciones con los demás.

Aun cuando Nehemías no disfrutó de este total entendimiento de todas las cosas que Dios ha provisto para nosotros, sin embargo estaba íntimamente seguro y totalmente confiado en que el Señor le haría pasar con seguridad a través de todas las crisis.

Una administración innovadora

El capítulo se cierra con un recuento de los pueblos y villas que rodeaban a Jerusalén y que pertenecían a las tribus de Judá y Benjamín. Para el lector superficial, pudiera parecer otra lista de nombres que debiera haberse pasado por alto. Sin embargo su sola enumeración al final del capítulo dedicado al gobierno político del pueblo, permite descubrir otro principio importante. La administración de Nehemías rompió con las normas convencionales. Siguió una forma descentralizada de gobernación. Cada ciudad y cada población era responsable de su propio gobierno. Este tipo de práctica estaba en marcado contraste con la política establecida en esos días, que mostraba una acentuada tendencia hacia un tipo de gobierno central. En esa autoridad centralizada (como es el caso de la monarquía absoluta de Artajerjes, o en una dictadura, una oligarquía o una junta) donde el poder aparece concentrado en un grupo selecto y donde los frenos y contrapesos de otros poderes son mínimos, existe sin duda un clima apto para las intrigas y las contiendas. En la administración de Nehemías, el poder era generado por el pueblo a través de la presentación de sus necesidades políticas. Esas necesidades eran dadas a conocer a los funcionarios mediante los líderes designados por cada grupo. Aunque esto pudiera parecer como una forma temprana de la expresión romana *Vox populi, vos Dei* («La voz del pueblo es la voz de Dios»), la administración de Nehemías difería de la romana, en sentido de que en Judá existía un fuerte compromiso con los principios bíblicos. Edificando encima de sólidos fundamentos éticos y religiosos, Nehemías formó un estado democrático con una autoridad descentralizada. No habría triunfado en este empeño, de no haber interrumpido Dios sus trabajos de consolidación con el despertar espiritual del pueblo.

Es esencial un fuerte compromiso religioso para que una forma democrática de administración tenga éxito. Sin los debidos valores espirituales resulta difícil, sino imposible, sostener las ideas de obligación y responsabilidad. El individualismo no puede ser controlado por mucho tiempo mediante buenas obras y autolimitaciones. Cuando este tipo de control se debilita, la legislación toma el lugar de las convicciones espirituales y se constituye en el fundamento de la comunidad. Con el correspondiente aumento de legislación, sigue un aumento similar de burocracia con pérdida de la eficiencia y disminución del valor de la persona.

Los principios que Nehemías empleó para gobernar al pueblo de Dios, son aplicables a las corporaciones, los grupos de iglesias, las entidades profesionales, las uniones obreras, los clubs, las cooperativas, las organizaciones educacionales y cualquier otro tipo de empresa. Todas ellas necesitan unas sanas regulaciones democráticas. Los principios básicos usados por Nehemías, son dignos de ser copiados.

Resulta muy fácil para nosotros (que tenemos una perfecta comprensión de los acontecimientos, después de sucedidos) llegar a la conclusión de que Nehemías fue un personaje de gran éxito. Bajo su capacitado liderazgo tuvo lugar un renacimiento del prestigio nacional. Un pueblo que en anterior oportunidad había sido pisoteado y tiranizado, podía ahora mantener su cabeza en alto y mirar de igual a igual a sus vecinos. A todo esto debía agregarse un maravilloso despertar espiritual en la nación judía. El pueblo se sentía confiado en la presencia de Dios. Estaba feliz en la seguridad de saber que le pertenecía a él. Con todos estos logros tan notables, podría resultar muy natural que el líder se congratulara de su éxito y se preparara para un período de gobierno de relativa tranquilidad. Una cosa sin embargo aún permanecía por completarse: la integración de los habitantes de Jerusalén en un grupo unificado. Para que no abriguemos la idea de que esto no es muy importante, quizá debiéramos recordar, que es en este punto donde muchas de nuestras iglesias y organizaciones fracasan. La gente viene buscando calor y compañerismo; un lugar al cual pertenecer y donde se le brinde seguridad. Fracasamos cuando no hacemos a esas personas sentirse como parte integrante de nuestras actividades y se retiran a menudo sintiéndose desilusionadas, desengañadas y más tristes aun por la experiencia sufrida. Por esa razón, la forma exacta como esos recién llegados a Jerusalén van a ser tratados para hacerlos sentirse parte integrante de la comunidad, será examinada en el próximo capítulo.

---

1 En Israel, echar suertes era el medio usado por el pueblo para determinar la voluntad de Dios (Números 26:55,56; Josué 7:16,18; 1 Samuel 10:19-21; 1 Crónicas 24:5; 25:8). Otras civilizaciones antiguas usaron este tipo de estratega, por ejemplo Grecia, para decidir entre candidatos a los puestos públicos, pero en ninguno de esos casos con la garantía de la aprobación divina.

2 Nehemías 11:9 resulta no solo difícil de traducir, sino también de interpretar. Si Joel representaba solo a los de Benjamín, ¿quién entonces representaba a la tribu de Judá? Si Judá el hijo de Senúa era el segundo en mando de la ciudad, ¿quién era entonces el primero? La frase «segundo en la ciudad» pudiera ser equivalente a «segunda parte» (véase 2 Reyes 22:14). Parece preferible interpretar esta sección a la luz de Nehemías 7:1-4. Cuando esto se hace así, las consecuencias son una adecuada división de responsabilidades, y una subordinación correcta entre las autoridades.

CAPÍTULO 16

Un cambio en la marcha de los acontecimientos

Nehemías 12:1—13:3

Todos tratamos de buscarle un significado a la vida. Necesitamos y buscamos cohesión. Nuestra búsqueda parte del deseo de realizar un ideal. Esto nos lleva frecuentemente a través de diferentes crisis, que nos ayudan a progresar hacia la madurez.

En los círculos cristianos tenemos tendencia a darles gran importancia a las crisis de nuestra experiencia y prestar escasa atención al progreso que las sigue. Tomemos por ejemplo el caso de un joven que va a un campamento cristiano. Oye el llamamiento de Cristo en su vida y se compromete enteramente con el Señor. Su búsqueda de la verdad, sus esfuerzos por encontrarle una base de autoridad, su íntimo sentido de los valores, todo en él ha cambiado. Esta es la crisis, que le brinda dirección y sentido a su vida. Pero la sigue el progreso. Como resultado de su experiencia, tiene ahora la identidad que buscaba. La vida tiene significado y él comienza a crecer hacia la madurez espiritual.

¿Qué fue lo que dio lugar a ese cambio en su vida? ¿Fue el campamento? No. El campamento fue solo incidental. Fue el mensaje recibido y su respuesta al mismo.

En Nehemías 12, los hijos de Israel se reúnen para la dedicación de los muros de Jerusalén. Esta dedicación no solo marca la culminación de los trabajos. Al igual que el campamento de verano, constituye el punto más alto de las experiencias. De igual manera, sienta los fundamentos del progreso futuro.

Las caras de la autoridad

El capítulo se inicia nuevamente con otra relación de nombres.

Esto nos muestra la preocupación de Nehemías por mantener las tradiciones auténticas del pueblo.[1] Retrocede hasta Zorobabel (noventa años antes) y examina la historia de las familias sacerdotales y levíticas hasta su propio tiempo. En su minuciosa relación de nombres, se hace específica mención de los príncipes de los sacerdotes desde Jesúa hasta Jadúa.

Esta relación de Nehemías ha dado lugar a una acusación de inexactitud en los registros bíblicos. De acuerdo con el historiador judío Flavio Josefo, Jadúa vivió en los tiempos de Alejandro Magno y murió alrededor del año 330 a.C. Por esta razón se señala que era imposible que Nehemías fuera contemporáneo de Jadúa, a menos que su gobernación tuviera lugar mucho más tarde de lo que la Biblia señala. Esto ha conducido a ciertos críticos de la Biblia a suponer que la gobernación de Nehemías en Judá no pudo ocurrir antes del 404-359 a.C. Indican esto para hacer que su administración continúe hasta el tiempo en que Jadús comenzó sus funciones como sumo sacerdote. Tal apreciación, desde luego, no está respaldada por ninguna evidencia disponible. En primer lugar es contraria a la información histórica encontrada en las «memorias» dejadas por el gobernador (Nehemías 1:1; 2:1; 5:14; 13:6). El reinado de Artajerjes ha sido fijado con gran precisión y por ello la gobernación de Nehemías puede situarse confiadamente en el año 444 a.C. En segundo lugar, evidencias provenientes de los *papiros de Elefantina* (407 a.C.) dejan sentado el sumo sacerdocio del biznieto de Eliasib al tiempo en que los descendientes de Sanbalat regían en Samaria. Nehemías no podía haber gobernado en Jerusalén en la época de Jadúa (359 a.C.) porque era contemporáneo de su bisabuelo Eliasib y de Sanbalat. Su administración corría al mismo tiempo que el sacerdocio de Eliasib y por ello bastante antes del año 407 a.C.

Otros críticos dan como fecha de la gobernación de Nehemías el reinado de Artajerjes, pero alegan que el libro que lleva su nombre fue escrito muchos años después de su muerte. Ellos tratan de solucionar el conflicto cronológico señalando que el escritor o compilador de las «memorias» de Nehemías conoció a Jadúa y por consiguiente tal recuento no podía haber salido de la pluma del gobernador.

Al contestar a tales afirmaciones, debe señalarse que los que tratan de encontrar errores en el pasaje bíblico, confían más en el testimonio del historiador Josefo que en las Escrituras. La historia de

Josefo dista mucho de ser cosa de entera confianza. Sus informaciones aparecen a veces alteradas y su cronología es muy confusa. En el mismo capítulo en que cita a Jadúa y Alejandro Magno como contemporáneos, deja ver cuán poco se puede confiar en sus relatos, al asociar a Jadúa con Sanbalat y Manasés (ver Nehemías 13:28), cuando de hecho sus gobiernos estuvieron separados por más de cincuenta años. Por otra parte podemos contar con la inclusión de Jadúa en la relación de Nehemías, porque más de un sumo sacerdote pudo haber usado ese nombre. Era una práctica muy común entre los judíos, el dar a los hijos el nombre del padre o del abuelo. En el período de tiempo que va de Eliasib a Alejandro Magno, distintas personas entre la familia de los sumos sacerdotes pudieron haber tomado el nombre de Jadúa. Luego, ¿por qué hemos de optar por el menos probable?

Esos críticos que alegan que Nehemías no pudo haber compilado sus «memorias», convenientemente, ignoran las secciones en que el gobernador habla en primera persona. Tratan de encontrar respaldo a sus teorías refiriéndose al versículo 22 del capítulo 12. En este versículo se hace referencia a «Darío el persa». Los que reclaman una fecha posterior para el libro, opinan que este tuvo que ser Darío III (335-331 a.C.). Pero, ¿por qué pasar por alto a Darío II (423-404 a.C.)? Un cronista que quisiera distinguirlo del primer Darío (el medo de Daniel 6) sería más inclinado a referirse a Darío II como «el persa». Siguiendo la información disponible, no existe ninguna evidencia que nos lleve a fechar la gobernación de Nehemías más tarde de lo que la Biblia señala, o atribuir al trabajo de un editor la composición final del libro.

Maestros de grandeza

A medida que examinamos el texto, vemos que su estudio nos recuerda de nuevo la importancia de aquellos que laboraron por el Señor antes que nosotros. Nos inspiran sus nobles ejemplos. Su vida debía motivarnos a seguir el bien y buscar la justicia (Filipenses 4:8).

Como siempre y de forma invariable, los sacerdotes son mencionados primero (Nehemías 12:21). Esta relación es seguida por un recuento de los levitas y sus familias (12:22-26). Sirve para recordar a todos la importancia y el poder de la santidad en la vida de la nación. Una gran parte del pueblo común podía haber estado ignorante de su gigantesca herencia espiritual.

Con relación a este particular, el Nuevo Testamento tiene muchas cosas interesantes que decimos, acerca de nuestra necesidad de estar personalmente familiarizados con aquellos que tienen la responsabilidad de nuestro liderazgo espiritual (véase Hebreos 13:7,17). Se nos exhorta a recordar a los antiguos maestros de la Iglesia, y no solo a imitar su fe, sino a emular su disposición a sufrir por la causa de Cristo. Después de todo, a sus esfuerzos se debe en gran parte que hayamos llegado al conocimiento del Evangelio. Afortunadamente, esta demanda no es difícil de cumplir. El estudio de la historia de la Iglesia y la lectura de las biografías de los grandes hombres del pasado nos ayudará a apreciar mejor nuestra herencia espiritual. Nadie puede leer los escritos de J. H. Merle D'Aubigne y ser la misma persona después. He podido comprobar que aprender más acerca de hombres como Francis Asbury, John Brown de Haddington, Robert Bruce, Juan Calvino, William Culbertson, C. H. Spurgeon, Raymond Edman, Jonathan Edwards, Charles Hodge, Juan y Carlos Wesley y George Whitefield, y leer las biografías de los misioneros, han sido cosas que han estimulado mi propia fe intensamente.

Podemos agregar que las Escrituras piden de nosotros obediencia a aquellos que son responsables del bienestar de la Iglesia. Los que han aceptado el trabajo de supervisar las iglesias, han adoptado una labor muy seria. Son los pastores que habrán de rendir en su día cuenta de sus servicios al Gran Pastor. Podemos hacer más fácil el trabajo de estos servidores, cooperando con ellos en la obra del Señor.

El rompimiento del estado de cosas

El capítulo 12 nos enseña que hay diferentes clases de ministerios. Todos los sacerdotes de Israel no podían ser sumos sacerdotes. Por razón de su número, David había dividido a los sacerdotes en grupos. No ministraban todo el tiempo. A algunos se les asignaban labores sin mayor importancia, en tanto que otros disfrutaban de tareas más prestigiosas. En la diversificación de los ministerios, los había que trabajaban dentro del templo, mientras otros hacían sus labores fuera. Los que trabajaban en el exterior eran descendientes de la tribu de Leví (véase Éxodo 6:25). Entre ellos estaban incluidos los porteros, los cantores y los sirvientes del templo. *Cada uno, sin embargo, era importante porque contribuía al trabajo de la totalidad y el resultado final era para la glorificación de Dios.*

En Efesios 4, el apóstol Pablo nos dice que Cristo ha distribuido dones en su Iglesia. Algunos sirven a los creyentes como apóstoles, otros como profetas, evangelistas, pastores o maestros, pero todos contribuyen a la edificación del cuerpo de Cristo.

En otra parte los escritos de Pablo mencionan que al creyente se le dan dones espirituales (1 Corintios 12:4-11). No todos tienen el mismo don (1 Corintios 12:12-30). El Espíritu Santo otorga sus dones de acuerdo con su voluntad soberana. Entonces dicho Espíritu trabaja en nosotros y nos permite usar esos dones para la edificación de los demás y el adelantamiento de la causa de Cristo. Al desarrollar su tema, Pablo compara la diversidad de los dones con las partes del cuerpo. No todas esas partes tienen la misma función. Cada miembro necesita de los otros para operar en una forma efectiva. De la misma manera que algunos levitas eran porteros y cantores y otros recolectaban las ofrendas y los diezmos, en nuestros días tenemos también diversas formas de usar los dones. Algunos miembros en nuestras iglesias sirven como ujieres y acomodadores, visitan los enfermos, se encargan de las finanzas o promueven diversos ministerios. Otros enseñan en la escuela dominical, trabajan en diferentes comités, cuidan de los edificios o cantan en los coros. Todos son importantes. Todos trabajan coordinadamente para la mayor gloria de Dios.

La importancia del recuerdo

Después de haber insistido en la importancia de que los judíos conocieran a aquellos que los gobernaban, y de incluir en su relación los diferentes grupos de personas que habían servido en el templo, Nehemías llega ahora a la dedicación de los muros. Para esta solemne y gozosa ocasión, los sacerdotes y levitas se purifican. Al hacerlo, *se apartan para el Señor.* Su purificación debió comprender probablemente el ayuno y la abstinencia de relaciones sexuales.[2] No existe nada pecaminoso en comer ni en las relaciones sexuales.[3] Al abstenerse de estos placeres, los sacerdotes y los levitas estaban diciendo: «Señor, tú eres lo primero en mi vida». El momento culminante de la purificación fue alcanzado al final de la semana, cuando se ofreció una ofrenda de expiación.

El proceso de purificación se extendió al pueblo, las puertas de la ciudad y los muros mismos. Los habitantes probablemente lavarán sus vestidos (Éxodo 19:10-14) y se lavaron ellos también (Números 8:5-8; 19:12,19; Ezequiel 36:25). Las puertas y las murallas de la ciudad fueron limpiadas con hisopo (2 Crónicas 29:5 y siguientes; Levítico 14:48-53). Todo esto se realizó con el fin de recordarles a los israelitas que tanto ellos como todas las demás cosas le pertenecían al Señor de una manera especial.

Cuando todo estuvo preparado, Nehemías dividió al pueblo y sus líderes, así como a los sacerdotes y levitas, en dos grupos. Estos dos grupos formaron dos grandes coros. Con Esdras a la cabeza de uno y Nehemías en el otro, desfilaron por las calles, subieron a los muros, marcharon en procesión alrededor de la ciudad y se reunieron todos de nuevo junto al Templo. En este lugar, rodeando la casa de Dios, los coros alternaron sus himnos de alabanza al Señor. Estos coros antifonales se oían a gran distancia. En este día se ofrecieron numerosos sacrificios[4] «y se regocijaron, porque Dios los había recreado con grande contentamiento; se alegraron también las mujeres y los niños y el alborozo de Jerusalén fue oído desde lejos» (Nehemías 12:43; véase también Isaías 60:18; Zacarías 4:10).

La dedicación de los muros es la fase culminante de meses de privaciones y fatigas que el pueblo había soportado. Sin embargo, es más que una iniciación. Como un campamento, en el cual uno puede entregarle su vida entera sin reserva alguna a Cristo, la dedicación de la muralla marca un nuevo amanecer. El pueblo recibe una nueva identidad. Ha caminado alrededor de los propios muros que ayudó a edificar. Esta experiencia lo ha unificado y le ha brindado una sensación de triunfo. Aun más, toda la ceremonia sirve para robustecer su confianza en el Señor. Ello ha auxiliado, a pesar de que en cierto momento quiso abandonar los trabajos.

Durante los años en que hacía mis estudios universitarios, tuve la oportunidad de comprobar directamente lo que sucede en estos tipos de situaciones. La institución educacional donde asistía estaba controlada por la Iglesia Metodista y al igual que muchas otras instituciones cristianas, estaba muy llena de fe pero muy escasa de fondos. Como estudiantes que éramos, todos deseábamos con gran vehemencia disfrutar de una piscina para nadar. Por varios meses, después de terminar nuestras clases, pasamos las tardes cavando en el sitio marcado en el plano de los arquitectos como la «futura piscina». En ese momento no disponíamos de ningún equipo pesado para remover la tierra. Solo contábamos con picos y palas. Cada porción del suelo debía ser sacada en carretillas. Tras muchos meses de dura labor, las dimensiones del hoyo abierto en la tierra correspondían con el tamaño de una piscina de competencias. En esta etapa de los trabajos, la administración tomó el proyecto en sus manos. Se hizo un esfuerzo especial para recolectar los fondos necesarios y terminar la obra. El espíritu de fraternidad y camaradería que sentimos en el momento de ver llenar nuestra piscina de agua y nadar por primera vez en ella, debió ser similar al regocijo de los judíos en el momento de la dedicación de aquellos muros. Nuestra empresa común, asumida para el beneficio de todos, tuvo el efecto de unirnos íntimamente. Este sentimiento de unidad nos brindó a la vez una nueva conciencia de identidad (especialmente cuando competíamos con otros colegios). Nuestra moral se encontraba tan alta en esos momentos, que a los ojos de los demás éramos invencibles.

En el caso de los israelitas, la construcción de los muros había restaurado el prestigio nacional. El despertar de la sensibilidad espiritual, había conducido a una renovación mística de carácter duradero. La repoblación de Jerusalén les había brindado convicción de fortaleza corporativa. Y ahora, al tiempo que caminaban junto a los muros que habían construido, cantaban alabanzas a la gloria de Dios y ofrecían sus ofrendas de acción de gracias con ,un nuevo sentido de valía propia. Todo ello era resultado del gran gozo que les había otorgado Dios.

El gozo es la ausencia de ansiedad. El gozo del Señor es el secreto de nuestra fortaleza (Nehemías 8:10). Perdemos nuestro gozo cuando experimentamos ansiedad. Esto sucede muy frecuentemente cuando nuestra conducta está reñida con nuestros ideales. Muchos cristianos llevan una vida carente de gozo porque sus prácticas durante las situaciones difíciles de la vida no se conforman a lo que Dios espera de ellos. Como consecuencia, sufren de frustración y los espera el fracaso.

La solución a esta falta de gozo es entregarnos totalmente al Señor. Que llamemos a esto consagración, dedicación o santificación, es de poca importancia. Lo importante es darle el primer lugar en nuestra vida. Cuando esto suceda, la realidad interna de nuestra fe tomará el lugar de las normas externas establecidas. Desde este momento, seremos capaces de desarrollar una verdadera identidad espiritual y crecer hacia la madurez cristiana.

El secreto de la fortaleza

Con ímpetu renovado, el pueblo de Judá dio los pasos necesarios a fin de que aquellos que le ministraban se sintieran asegurados.

NEHEMÍAS: DINÁMICA DE UN LÍDER

Su preocupación se extendió hasta los cantores y guardas de las puertas. Comprendieron que si descuidaban y olvidaban el sostenimiento de aquellos que contribuían a su bienestar espiritual, sufrirían en definitiva las consecuencias de tal negligencia (Nehemías 12:44-47). Además, a medida que fueron aprendiendo más de la voluntad de Dios mediante su palabra (13:1-3), encontraron escrito que los moabitas y los amonitas debían ser excluidos de las congregaciones de Dios (Deuteronomio 23:3-5, compare con Nehemías 2:19; 13:4). Actuando en obediencia a la voluntad de Dios revelada, separaron a ambos grupos de sus asambleas. El efecto de esta obediencia del pueblo puede verse fácilmente en el recordatorio de su *unidad* bajo David y en la utilización del término «Israel» en el 12:47 así como en el 13:3. Previamente, se habían usado sobre todo las expresiones «los hijos de Benjamín» y «los hijos de Judá». Son sustituidas ahora por «Israel». El pueblo se somete a una autoridad común (la Palabra de Dios), comparte un gozo común y mantiene una esperanza común para el futuro. Todo ello va a regular su sistema de valores. La enseñanza de este pasaje tiene marcada significación en estos días. Cuando estamos bien con Dios, las demás cosas caerán por gravedad en su lugar. Debemos deleitarnos en aquellos que nos ministran en nombre de Cristo (Nehemías 12:44) y considerar un honor el que estén debidamente en sus trabajos. Debemos de igual manera tener un renovado respeto por la Palabra de Dios. A medida que nos internemos en la misma, encontraremos que su mensaje transforma nuestra vida. No solo nos habrá de dar un contacto más estrecho con la realidad, dándoles significado al lugar y al tiempo en que existimos, sino que agregará una nueva dimensión de gozo a nuestra experiencia.

Algunos años atrás, tuve el privilegio de visitar una iglesia de pueblo. La congregación había apelado a su denominación en solicitud de fondos para construir un santuario. Como el ministro de aquella iglesia no se había graduado en una de las escuelas «aprobadas», la petición fue rechazada. Sin desanimarse ante esa negativa, los miembros decidieron construir su propia iglesia. Ofrendaron con grandes sacrificios de sus escasos medios y dedicaron sus fines de semana y vacaciones para trabajar colocando los cimientos. Finalmente, tras duros meses de labor, fueron capaces de empezar a levantar las paredes. Un gran entusiasmo prevaleció en aquel grupo cuando el santuario alcanzó la altura del antepecho de las ventanas. Muchos comenzaron a especular que la iglesia tal vez pudiera estar lista para las Navidades. A medida que progresaba la construcción, estos creyentes desarrollaron un sentimiento de unidad nunca antes conocido. Comenzaron a interesarse los unos por los otros y mostraron mediante actos de ternura, un amor que no habían soñado que fuera posible. Finalmente, en un domingo inolvidable, celebraron su primer servicio en el nuevo edificio de la iglesia. Las paredes no habían sido pintadas aún y los bancos en que se sentaban dejaban mucho que desear en cuanto a comodidad. El gozo de esta congregación, sin embargo, tenía que ser experimentado para ser creído. Había tan estrecha cohesión en este grupo de creyentes, como yo nunca había experimentado en ningún otro lugar. Su amor por el Señor, así como el que sentían los unos por los otros, hicieron que subordinaran sus deseos personales al bien de la totalidad. Fueron un ejemplo vivo del cristianismo en acción.

Como resultado de esta experiencia, se convirtieron en una fuerza dinámica de la comunidad. Los visitantes se sentían atraídos por aquella iglesia, gracias al gozo personal de sus miembros y querían compartir el calor y la fraternidad reinantes. Cuando trataban de saber por qué estos cristianos eran diferentes de los otros que conocían, comprobaban que ese amor mutuo era lo que estaba ausente en otros lugares. (Véase Juan 13:34,35; 15:12,13; 1 Juan 3:11-23; 4:7-18). No pasaba mucho tiempo sin que la genuina preocupación de aquellos humildes creyentes por sus visitantes, diluyera cualquier resistencia de estos al llamado de Cristo. Ellos también eran salvados y pasaban a formar parte de aquella gozosa comunidad de creyentes cristianamente ejemplar.

---

1 La conjunción inicial «y» del versículo 8 es significativa. Cuando este pasaje se compara con Nehemías 10, parece que los nombres que siguen a la mencionada conjunción representan las familias de los príncipes de los sacerdotes que no firmaron el pacto.

2 Véase Génesis 25:2 y siguientes; Números 8:21 y siguientes; 1 Crónicas 15:14; 2 Crónicas 29:15; 35:6; Esdras 6:20; Malaquías 3:3.

3 En 1 Corintios 7:1-5, el apóstol Pablo facilita similares orientaciones para este tipo de conducta. Enfatiza el hecho de que los creyentes no deben privarse de los goces de los deberes conyugales, sino de mutuo consentimiento para ocuparse sosegadamente en la oración y volver a juntarse en uno para que Satanás no los tiente a causa de su incontinencia. El sexo es idea de Dios. Es parte vital de la relación matrimonial. El abstenerse del mismo debe ser por mutuo consentimiento y únicamente para consagrarnos sin reservas a la oración. Debe ser solo por tiempo limitado.

4 Probablemente ofrendas de acción de gracias.

Capítulo 17
Mantener la libertad no es fácil

Nehemías 13:4-31

Al concluir su estudio del libro de Nehemías, el autor Walter F. Adeney indica que si las «memorias» hubieran sido una novela histórica en lugar de un relato exacto de los acontecimientos, entonces con haber dejado caer el telón al final del capítulo 12 o en el versículo 3 del capítulo 13, se habría redondeado toda la narración, llevándola a una culminación perfecta. Con este tipo de desenlace, todos habríamos sentido un gran alivio y una alegría interior, al saber que por lo menos, en la experiencia de un hombre, todos los conflictos de la vida habían tenido una feliz solución.

En lugar de este tipo de conclusión, hay un «apéndice». Este agregado final prueba la sabiduría de la observación de Thomas Jefferson: «El precio de la libertad es una vigilancia eterna» También enfatiza la continua necesidad de buenos líderes».

El telón de fondo

Durante los once años y medio restantes del gobierno de Nehemías, todas las cosas marcharon correctamente. El partido de oposición en Jerusalén podía hacer muy poco en contra de tan capacitado administrador. Exteriormente, se habían conformado al pacto y el pueblo llevaba una vida relativamente próspera y sosegada. Sin embargo, después de una década de gobernación (444-432 a.C.). Nehemías retornó a la corte de Artajerjes. Permaneció en Babilonia por doce años. Durante su ausencia, el partido de oposición, constituido mayormente por el alto sacerdocio y su familia, así como los ciudadanos influyentes de la ciudad, desecharon las prácticas separatistas de Nehemías, favorecieron que hubiera menos restricciones y establecieron un «diálogo abierto» con Samaria, haciendo desaparecer un buen número de influencias inhibidoras.

Cerca del año 420a.C., Nehemías fue designado nuevamente gobernador de Judá. El hecho de que él personalmente solicitara permiso para regresar a Jerusalén, deja ver que tenía conocimiento de lo que allí estaba sucediendo. Así fue enviado nuevamente a la provincia como representante del rey.

A su llegada, Nehemías comprobó que tanto el templo como los servicios de adoración habían sido abandonados (Nehemías 13:11, compare con 10:39). Busca la causa de esta deserción y comprueba que es la tolerancia de la maldad.

Durante su mandato anterior en Jerusalén, Eliasib se mantenía bajo su control, pero cuando él se marchó a Babilonia, el sumo sacerdote empezó a desempeñar también funciones de tipo diplomático. Uno de sus primeros movimientos fue unir en matrimonio su familia con la familia de Tobías. Entonces, como muestra de buena voluntad hacia el antiguo enemigo, dispuso de algunos de los atrios de la casa de Dios, que estaba bajo su directa supervisión, a fin de convertirlos en cámara personal para Tobías, quien era amonita (Nehemías 2:19; Deuteronomio 23:4).

Podemos estar seguros de que este tipo de actuación no debió ser del agrado del pueblo. Los moradores de Jerusalén debían conservar todavía un alto grado de lealtad por Nehemías. Sin embargo, aunque se sintieran humillados por la acción de Eliasib, no tenían poder ni medios para oponerse a él. Después de todo, en la «nueva» administración, los líderes de Jerusalén estaban tratando de tomar actitudes conciliatorias. Doce años de «reformas» eran más que suficientes. Ahora era la oportunidad en beneficio de una creciente economía, de ser benévolos con los enemigos. Aceptando esas razones, la ley de Dios fue desechada y la maldad recibió otro nombre.

Pero Eliasib tuvo un critico: Malaquías. En ausencia de Nehemías, el profeta predicó contra las malas prácticas (Malaquías 2:1-9). Sus palabras fueron dirigidas mayormente al pueblo y no les prestó ninguna atención el sacerdocio. No existía en aquellos momentos nadie lo suficientemente poderoso para enfrentarse a Eliasib.

Lo que se inició con la tolerancia de Tobías en la zona del templo, surtió grandes efectos en el pueblo. Como las cámaras donde se guardaban las ofrendas y demás utensilios, habían sido convertidas en alcoba privada para el amonita, los moradores de la ciudad no se consideraron obligados a seguir ofrendando para mantener el Templo. Los levitas, sin medios para sostener sus familias, tuvieron que volver a sus granjas y fincas. Con esta relajación de las prácticas espirituales, el pueblo se abandonó también en el ejercicio de la justicia. Los comerciantes y toda clase de negociantes y vendedores, comenzaron a usar el día de reposo para sus operaciones mercantiles y el descenso de la moralidad se hizo inevitable.

Intrépidas reformas

Al regresar Nehemías a la ciudad santa, analizó el problema y tomó los pasos decisivos para corregirlo. Penetró en el templo y arrojó «todos los muebles de la casa de Tobías fuera de la cámara». Dio instrucciones para que las limpiaran e hizo volver allí los utensilios de la casa de Dios, las ofrendas y el incienso. Toda esta acción requería un gran valor, el valor de un hombre cuyas convicciones estaban firmemente cimentadas en la roca de las Sagradas Escrituras. De manera muy significativa vemos que Eliasib no hizo nada por oponerse al gobernador. Él sabía demasiado bien que en Nehemías había encontrado alguien de mayor fortaleza que él.

El éxito de Nehemías puede ser atribuido a que actuó de forma decisiva. De haber convocado a una reunión de los cabezas de familia, o haber consultado con algunos de los consejeros, todo se habría perdido. En lugar de ello, tomando en cuenta las enseñanzas generales de la Palabra de Dios y manteniéndose dentro del ámbito de su autoridad, actuó con resuelta determinación.

Los hombres de la capacidad y entereza de Nehemías son terriblemente necesarios en nuestros días. Tanto en la Iglesia como fuera de ella, hemos tolerado por muy largo tiempo el error. Por una parte, se han dejado circular una falsa doctrina y una seudopiedad, que les permiten a los enemigos de la verdad minimizar los dogmas cardinales de la fe y controlar los cursos de estudio de nuestras universidades y seminarios; por otra, los viejos principios de moralidad e integridad han sido dejados a un lado por ciertas prácticas edificadas en la conveniencia y en la creencia de que el fin justifica los medios. Estas tendencias, tanto en las esferas sagradas como en la secular, necesitan ser desafiadas por los que se han adherido a los principios de santidad. La causa del descenso espiritual debe ser atacada en su misma raíz: la tolerancia de la maldad.

De cara a los problemas

Teniendo conciencia de la causa primordial del descenso espiritual en Judá, Nehemías se prepara ahora a rectificar los males que han surgido. Comprueba que la porción correspondiente a los levitas no les ha sido dada. En su ausencia de la ciudad, Malaquías había exhortado al pueblo a «traer todos los diezmos al alfolí» con el fin de que hubiera alimentos en la casa de Dios (Malaquías 3:7-12). La gente, sin embargo, había perdido confianza en el sacerdocio y cuidaba únicamente de sus propias necesidades. Como consecuencia lógica de ello, la casa del Señor estaba abandonada.

Cuando el nuevo comisionado comprobó que los servicios del Templo no habían continuado, reprendió a los funcionarios de la ciudad. Después de todo, ellos compartían las responsabilidades del gobierno de Jerusalén. Esta confrontación debió haber despertado en ellos sus sentimientos de responsabilidad, puesto que desde sus posiciones animaron al pueblo a traer nuevamente los diezmos y ofrendas y los buenos resultados se ven en el siguiente versículo (compare con Éxodo 30:34; Levítico 2:1-6; 6:15; 24:7; Deuteronomio 18:3). Bajo el fuerte liderazgo de Nehemías, los sacerdotes y levitas volvieron a sus funciones previas y la suerte de Eliasib declinó para no levantarse ya más. Fue reemplazado por hombres de confianza seleccionados entre los diferentes grupos (Nehemías 13:13) y que fueron encargados ahora de hacer una distribución justa y equitativa entre sus hermanos de la tribu sacerdotal.

La participación en la maldad

La tolerancia del mal en Jerusalén produjo efectos muy dañinos entre la gente de las villas y pueblos de Judá. Cuando los levitas se vieron forzados a abandonar la ciudad, la relajación espiritual se apoderó de la población. La apatía diseminó un espíritu de indiferencia; el templo fue descuidado y el sábado fue desechado.

En los días que siguieron a su llegada a la ciudad santa, Nehemías pudo comprobar que había hombres trabajando en los lagares en el día de reposo. Observó que otros traían cargas de granos para ser negociadas en el mercado al siguiente día y los hombres de Tiro vendían mercaderías, todo ello en el propio día consagrado al descanso.

La observación del sábado había sido siempre una piedra de tropiezo en el camino del libre intercambio comercial entre los judíos piadosos y sus vecinos gentiles. La tentación de entregarse a los negocios con las naciones vecinas estaba siempre presente. La adhesión al sábado del Señor era una marca de especial espiritualidad, particularmente en tiempos de tolerancia y laxitud espiritual.

En el manejo de esta situación, el coraje de Nehemías quedó una vez más de manifiesto. Se enfrentó a los señores de la ciudad,[1] que eran los que tenían un mayor interés en la economía y los reprendió diciéndoles: «¿Qué mala cosa es esta que vosotros hacéis? ... ¿No hicieron así vuestros padres y trajo nuestro Dios todo este mal sobre nosotros y sobre nuestra ciudad? ¿Y vosotros añadís ira sobre Israel profanando el día de reposo?»

Al hablarles de esta forma, el gobernador les dio la razón de su reproche y demandó que ejercitaran la responsabilidad debida. Les mostró, mediante el precedente histórico citado, las consecuencias espantosas de no guiar al pueblo por los caminos de la rectitud y la justicia (véase Jeremías 17:19-27; Ezequiel 20:12-24).

Esos grandes señores de la ciudad, al parecer reaccionaron con cierta apatía. No parecían dispuestos a tomar medidas decisivas. Nehemías sí lo estaba. Ordenó que las puertas de la ciudad fueran cerradas antes del sábado e instruyó a sus servidores para que no permitieran que se introdujera carga de ninguna clase dentro de ella. En una oportunidad o dos, los traficantes y negociantes pasaron la noche fuera de la ciudad. Algunos comentaristas consideran que el ruido que hacían trajo por consecuencia la amonestación del versículo 21. Otros consideran que tal vez los judíos habían salido fuera del perímetro de la ciudad con ánimo de negociar con los tirios (compare con Levítico 23:32; Amós 8:5). Fuera cual fuera la razón, Nehemías amenazó a los comerciantes con echarles mano y ponerlos en prisión si repetían sus actividades. ¡Ellos no se atrevieron, desde luego! Estaban atemorizados ante un hombre de tan fuertes convicciones.

Finalmente, con objeto de asegurar la santidad del sábado, el gobernador les indicó a los levitas que se consagraran a la tarea de preservarlo. Este deber era sagrado. Debían actuar como porteros de la ciudad y evitar que nadie, fuera tirio o judío, comerciara en dicho día.

Podemos preguntarnos: Pero, ¿por qué restringir así la libertad de los judíos? Y, ¿por qué si era tan importante guardar el sábado, no cumplimos esto nosotros también hoy?

El sábado era día de reposo. En Génesis 2:2 ya simbolizaba la cesación de todos los esfuerzos. En el antiguo Israel, el séptimo día de la semana había sido señalado como un día «sagrado» (Éxodo 16:23; 20:10,11; 31:17). Todo tipo de trabajo estaba expresamente prohibido en dicho día (Éxodo 35:3; Números 15:32). El sábado se convirtió en una señal entre el Dios fiel a su pacto y su pueblo escogido (Ezequiel 20:12-20). La historia del sábado judaico fue pensada para servirnos como ejemplo. Dicho día dramatiza para nosotros el sosiego espiritual del que podemos disfrutar cuando cesamos en nuestros empeños propios por alcanzar la santidad y descansamos enteramente en la provisión que Dios nos ha brindado en Cristo (Hebreos 4:4). La razón de la obligación legal del sábado en el Antiguo Testamento era preservar intacto este «tipo» de Dios para nosotros.

Desafortunadamente para todos, la tolerancia del mal conduce a la relajación espiritual y esta prepara el camino hacia la indiferencia doctrinal. Cuando tal cosa sucede, nos tornamos ignorantes de lo que Dios ha provisto para nosotros. Nuestra sensibilidad ante las realidades espirituales se desvanece, no dejándonos bases racionales para mantener ninguna semblanza de compromiso con Dios. La degeneración moral es el resultado inevitable de todo ello.

Cantos de sirenas

El acto final de reforma de Nehemías está relacionado con los matrimonios con extranjeros. Cuando viajó por distintas partes de la provincia, pudo comprobar que los judíos habían tomado mujeres de Asdod (ciudad filistea), mujeres amonitas y moabitas (véase Éxodo 34:15,16; Deuteronomio 7:1-4). Obviamente, este era un caso más de la vieja historia en que la fruta prohibida se veía mas apetecible que lo permitido (compare con Josué 23:12,13; Malaquías 2:11,12).

Las consecuencias de estos matrimonios mixtos se veían a las claras en lo que Nehemías encontró. Existía corrupción en los hogares, las madres educaban a sus hijos en sus costumbres paganas y la ignorancia espiritual prevalecía.

El contraste entre la clase de hogar que Dios desea que tengamos y el que existe donde reina la incredulidad, fue descrito por Arthur T. Pierson en su libro titulado *The Bible and Spiritual Life* [La Biblia y la Vida Espiritual]. El doctor Pierson presenta el contraste de dos casos históricos: la familia de Jonathan Edwards y la de Max Jukes.

Jonathan Edwards nació en un hogar piadoso. Su padre había sido predicador y su abuelo materno también había ejercido el ministerio. Sus descendientes comprometidos a la Palabra de Dios han seguido principios de honradez e integridad. Más de cuatrocientos de estos descendientes son conocidos. Entre ellos hay presidentes de universidades, profesores, ministros del evangelio, misioneros, teólogos, abogados, jueces y autores de alto rango.

Una cuidadosa investigación de la historia criminal de la familia de Max Jukes, mostraba un largo recuento de prostitución, embriaguez, imbecilidad y locura. Mil doscientos descendientes son conocidos en este prolífico árbol genealógico. Una gran parte son verdaderas ruinas humanas. Algunos han sido mendigos profesionales, otros delincuentes convictos y muchos asesinos. Solamente veinte personas de esta familia aprendieron algún oficio y la mitad de tales aprendizajes se realizaron en las prisiones.

La influencia de un hogar religioso puede ser confirmada examinando la crianza y educación de personas tales como F. B. Meyer, W. Graham Scroggie, James Hudson Taylor, Juan y Carlos Wesley y tantos más. Recordemos: ¡no existe sustituto alguno para un hogar piadoso! (1 Timoteo 4:8).

A fin de corregir la dolorosa situación de estos matrimonios con personas extranjeras, Nehemías riñó con aquellos que habían tomado mujeres de otras naciones, hirió a algunos de ellos y les arrancó los cabellos, procediendo a reprenderlos y haciéndoles jurar: «No daréis vuestras hijas a sus hijos y no tomaréis de sus hijas para vuestros hijos, ni para vosotros mismos. ¿No pecó por esto Salomón, rey de Israel? Bien que en muchas naciones no hubo rey como él, que era amado de su Dios, y Dios lo había puesto por rey sobre todo Israel, aun a él le hicieron pecar las mujeres extranjeras. ¿Y obedeceremos a vosotros para cometer todo este mal tan grande de prevaricar contra nuestro Dios, tomando mujeres extranjeras?»

Es muy interesante ver la forma en que Nehemías actuó. Mencionó la condenación de la historia, al referirse al más sabio de todos los hombres. Parecería que les pregunta: «¿Esperan ustedes ser más listos que Salomón?»

No solo era que este tipo de matrimonio entre un creyente y una incrédula o viceversa, facilitara el camino de la corrupción en el hogar, sino que este tipo de uniones atacaba los fundamentos mismos del matrimonio. El matrimonio es considerado como un pacto entre dos personas y Dios (Proverbios 2:17; Ezequiel 16:8; Malaquías 2:14). El hogar ha sido ideado para constituir la base de la sociedad, la estructura sobre la cual toda la nación es edificada. Cualquier desviación de estos ideales solo puede ejercer un efecto destructor entre los implicados en el mismo.

Al llevar a cabo sus reformas, Nehemías encontró que de nuevo tenía que vérselas con la casa del sumo sacerdote Eliasib. Durante la ausencia del gobernador en Babilonia, el nieto de Eliasib se había casado con la hija de Sanbalat. Debe señalarse que unas normas muy especiales gobernaban los matrimonios de los sacerdotes y particularmente de todo aquel que en su día llegaría a ser sumo sacerdote (véase Levítico 21:6-8,13,14; Deuteronomio 23:8-11). Nehemías se enfrentó a este quebrantador de las normas, ahuyentándolo de su presencia. La tradición señala que su nombre era Manasés y después de ser expulsado de la presencia del gobernador, huyó a Samaria donde se encontraba su padre político. En dicho lugar habría iniciado una forma rival de adoración en el monte Gerizim.[2]

Una vez terminada la reforma, Nehemías ahora se prepara para un período de relativa tranquilidad en su administración. En los dirigentes que le había dado al pueblo, combinaba la capacidad con la integridad. No tenía miedo a actuar y sus acciones estaban siempre gobernadas por su conocimiento y sumisión a las Sagradas Escrituras.

Haciendo cambios

A medida que miramos el material que hemos estudiado, nos vemos precisados a comparar este capítulo con ello, relacionado con la firma del pacto. En aquel capítulo 10, el pueblo prometió mantener la casa de Dios, proporcionar lo necesario para el ejercicio del sacerdocio, guardar el sábado y abstenerse de los matrimonios con paganos. Durante la administración inicial de Nehemías, tales promesas fueron cumplidas, pero tan pronto como él partió para Babilonia, se inició la decadencia espiritual.

Comparando esa situación de Nehemías con la actual, vemos que hay paralelos marcados entre ambas. ¡Nosotros también necesitamos líderes capacitados! Y Nehemías les ofrece a nuestros líderes un ejemplo a seguir. Él se había sujetado a la práctica de la verdad. Esto le daba una comprensión clara para distinguir entre el mal y el bien (Hebreos 5:13,14). También lo capacitaba para tomar acciones decisivas; cuando actuaba lo hacía con todo valor y firme en sus convicciones.

En segundo lugar debemos observar que Nehemías siempre comenzaba a trabajar con los líderes existentes (Nehemías 13:11,17,25). Donde los líderes no eran lo que debían ser, dio los pasos necesarios para sustituirlos con personal de toda confianza (13:13). Cuando se enfrentaba a la apatía moral y la indiferencia espiritual, manifestaba su justa indignación.

Estamos acostumbrados a considerar el enojo y la ira como algo pecaminoso. El Señor Jesús, sin embargo, estuvo justificadamente enojado (véase Mateo 21:12; Marcos 3:5; Juan 2:15-17), aunque en dichos casos, sin pecado (Hebreos 4:15). Los grandes líderes que han sido capaces de cambiar las mareas de la decadencia nacional y espiritual, han sido también hombres capaces de enojarse ante las injusticias sociales y morales de nuestros días.

Del enojo puede también abusarse. Resulta fácil excusar nuestra debilidad de carácter calificando nuestras pérdidas de control propio como «indignación justificada». El apóstol Pablo sabía muy bien que podíamos ser llevados al pecado mediante el enojo y la ira (Efesios 4:26,27). El enojo justificado, desde luego, está libre de pecado. Cuando Nehemías «riñó» con aquellos que habían desertado de sus obligaciones o que eran responsables de haber violado la ley de Dios, su conducta no puede en manera alguna ser considerada como una incontrolable explosión de ira. En lugar de ello, como señala acertadamente H. E. Ryle, estaba actuando en su capacidad de «funcionario público en el fiel cumplimiento de sus obligaciones». Él sabía que las diferentes situaciones reclamaban estrategias diferentes. Algunas personas puede que respondan a una censura o reproche verbal. Otras necesitan una sacudida más fuerte para convencerlas de la gravedad de la situación. Cuando Nehemías ahuyentó de su presencia al nieto del sumo sacerdote, en realidad estaba tratando a un apóstata en la forma en que su conducta merecía.

La conexión importante

Pero, ¿qué vamos a decir de las oraciones de Nehemías? (Nehemías 13:14,22b,31). ¿Son estos los últimos recursos de un hombre viejo y desalentado? ¿Es esto a todo lo que puede aspirar un hombre honrado que ha consagrado su vida entera a los demás?

Cometeríamos un grave error si seguimos a ciertos comentaristas modernos y evaluamos las oraciones de Nehemías a la luz de nuestros propios desengaños. Una persona que se ha enfrascado en tan vigorosas reformas y que se ha arriesgado a oponerse, no solo al sumo sacerdote y sus familiares, sino a los funcionarios y personajes más importantes de Judá, no es muy fácil que se deje caer en la desesperación.

El desaliento podía haber sido la consecuencia si sus esfuerzos hubieran sido improductivos o si las circunstancias hubieran hecho creer a Nehemías que había fracasado en la realización de sus ideales, pero esta no era la experiencia del gobernador. Puesto que buscaba la aprobación de Dios solamente, se libró de tratar de alcanzar lo inalcanzable.

Existe una explicación mucho mejor para estas oraciones. Nehemías vivió toda su existencia en la presencia del Señor. Estaba consciente de que la mirada del Altísimo caía sobre él y hacía toda su labor esperando recibir la aprobación de Dios (compare con Efesios 9:1-14).

Nos ayudará mucho a entender la situación, saber que Nehemías estaba ya casi en el ocaso de su vida terrenal. Por cuánto tiempo continuó como gobernador, no lo sabemos. Sus oraciones nos brindan evidencia de que sabía que el vigor de su cuerpo no era ya el mismo de antes. Por ello, le pide a Dios compasión y que le brinde fortaleza. Además de esto, debe agregarse que estaba mirando más allá de su escena temporal, hacia Aquel que estaba aguardándolo. Así vemos que repite en su oración: «Acuérdate de mí, Dios mío, para bien». Al igual que el apóstol Pablo, Nehemías trabajaba incesantemente con el único propósito de ser acepto ante Dios (Filipenses 3:12-16) y deseando solamente que su trabajo terrenal pudiera ganarle el tipo de recompensas que duran toda la eternidad.

Cuando todo está dicho y hecho

En última instancia, la vida y el ministerio de Nehemías apuntan hacia el hecho de que todos necesitamos líderes capacitados. Sin ellos, somos como ovejas sin pastor. En ausencia de líderes que sean hombres de Dios, la decadencia moral y espiritual se inicia y el resultado final es la destrucción de nuestra herencia nacional y espiritual. La libertad política esta basada en la libertad espiritual. Cuando esta última es sacrificada a través de la tolerancia de la maldad, inevitablemente surgen la opresión y la destrucción de todas las normas de moral.

Para contrarrestar esta tendencia, necesitamos regresar a la Palabra de Dios (véase Nehemías 8). Entonces, al someternos a ella y confesar nuestros fallos y negligencias, podemos comenzar a transitar nuevamente por el camino de la obediencia, la justicia y la verdadera santidad. Del espíritu de genuina renovación surge la libertad social, espiritual y nacional.

---

1 Una pregunta. ¿Qué le sucedió a Hanani durante la ausencia de Nehemías? Dos respuestas son posibles. Pudo haber sido quitado de su cargo oficial por Eliasib y sus aliados después de que Nehemías se marchó a Babilonia. También es posible que un comunicado de Hanani fuera quien trajo de nuevo a Nehemías a Jerusalén. Existe asimismo la posibilidad de que Hanani muriera durante los primeros doce años de la administración. No aparece ninguna mención sobre él en Esdras ni en Nehemías 13. De igual forma es posible que Esdras hubiera ido ya a recibir su eterna recompensa.

2 A este santuario se refería la mujer samaritana cuando le dijo al Señor Jesús: «Nuestros padres adoraron en este monte» (Juan 4:20).

CAPÍTULO 18

El perfil de un líder

Al revisar el material contenido en los capítulos que hemos examinado, será de gran ayuda ampliar nuestro bosquejo triple. Dándole a cada capítulo un título y entonces reagrupando ciertos capítulos (por ejemplo, 4—6 y 8—10), podremos ver claramente los movimientos fundamentales del libro.

ESQUEMA DEL LIBRO DE NEHEMÍAS												
CONSTRUCCIÓN DE LOS MURROS							INSTRUCCIÓN DEL PUEBLO			CONSOLIDACIÓN DE LOS TRABAJOS		
			OPOSICIÓN A LOS TRABAJOS									
Angustia de Nehemías e intercesión	**Preparación** Expedición, reconocimiento y exhortación	**Reconstrucción** Comienzo de los trabajos	**Oposición** Oposición externa	Oposición interna	**Terminación** Nueva oposición; fin del trabajo	Medidas y normas de seguridad	**Acicamiento del pueblo.** Se lee el libro de la Ley, se guarda la fiesta de los Tabernáculos	Confesión abierta de pecados	**Renovación del pacto** Consagración del pueblo	Repoblación de Jerusalén	Dedicación de los muros	**Reforma de los abusos** Diezmos, matrimonios mixtos, sábado.
1	2	3	4	5	6	7	8	9	10	11	12	13

En nuestro repaso estudiaremos las características personales de un líder eficaz y los principios básicos de un liderazgo sólido. Estas dos facetas constituyen la *dinámica de un liderazgo eficiente* y Nehemías nos proporciona un importante «caso histórico» para el estudio de ambas.

Las características personales de un líder eficiente

En primer lugar, el líder eficiente debe ser un hombre de integridad. Debe poseer rectitud de carácter y principios morales intachables.

Debe reconocer y defender lo que es justo, aun cuando tenga que encarar la impopularidad por ello. Solo entonces tendrá la dinámica interna que inspira a seguirlo con confianza.

Pero, ¿cómo se desarrolla la integridad? Nehemías nos muestra que esta proviene de un firme compromiso con la Palabra de Dios. Sus oraciones (véase Nehemías 1:5-11) están permeadas con citas de las Escrituras. Su vida y sus reformas nos muestran que había ordenado su conducta de acuerdo con la voluntad revelada de Dios (5:9-12,14-19; 10:1,32-39; 13:4-28). Además, esperaba que aquellos que estaban bajo sus órdenes siguieran los mismos principios de honradez e integridad.

Llamamos *convicción* a la decisión de que todo en nuestra vida surja de un compromiso básico fundamental con las Escrituras.

La convicción tiene su fundamento en nuestra fe en Dios. Esta fe forma la base de nuestra propia confianza, el coraje con que encaramos la oposición y nuestra dedicación a la tarea que realizamos. Sin este tipo de convicción, no pueden existir logros duraderos.

La convicción de Nehemías puede ser vista en su confianza de que Dios contestaría sus oraciones (Nehemías 1:11), su seguridad al responder a sus adversarios (2:9-20), el valor y la determinación con que manipuló la oposición (4:1-23; 6:1-14), y su persistencia en el momento en que los obreros decidieron abandonar los trabajos (4:10,11).

Un corolario lógico de la convicción es la *lealtad*: lealtad al Señor, lealtad a nuestros superiores y lealtad hacia aquellos que en nuestras congregaciones o lugares de negocios buscan nuestra guía y orientación. Sin lealtad somos fácil presa de las contemporizaciones y mostramos una marcada vacilación cuando debiéramos actuar con decisión. Cuando tal cosa sucede, los miembros de nuestra iglesia y nuestros subordinados se sienten confundidos y el resultado final es la erosión de nuestro liderazgo.

La fidelidad de Nehemías al Señor estaba fuera de toda duda. Su lealtad a Artajerjes no era menos real (Nehemías 2:3). Esta fidelidad es la que provee el único fundamento seguro en momentos de crisis (2:1-8). Sin una lealtad probada que respaldara sus palabras, su causa se hubiera perdido. El rey no habría tenido confianza en él y nunca habría ganado de nuevo su posición de influencia en la corte.

Juntamente con la lealtad marcha la *firmeza*, que es mucho más que demostrar que seguimos siendo estables bajo presión. Exige estar dispuesto a aceptar la responsabilidad, tomar la iniciativa y perseverar con la tarea hasta que sea terminada. Un perdedor es un individuo que encuentra cierta oposición y no tiene el valor de seguir adelante. Entonces fabrica una «razón» para su fracaso y está condenado para siempre a la mediocridad. Un líder, por el contrario, es aquel capaz de dominar la situación y finalmente hacerse dueño de ella y de las circunstancias que le rodean.

En contraste con el perdedor, tenemos el ejemplo de Nehemías. El aceptó la nueva responsabilidad (2:6b) y comenzó una tarea que muchos consideraban imposible. Se manifestó firme cuando fue sometido a presiones (4—6) y llevó el proyecto entero hacia una conclusión feliz.

Puede decirse también que el líder que tiene a Dios en primer lugar en su vida y que es fiel a su superior, tendrá también una real preocupación por los demás. Su generosidad le llevará a tratar equitativamente a aquellos que trabajan con él. Tratará de buscar el adelanto personal de ellos y pondrá el bienestar de su empleomanía antes que el suyo propio. Sus empleados, desde luego, responderán con un trabajo que será mucho mejor, tanto en calidad como en cantidad.

Nehemías se mostró preocupado por los judíos (Nehemías 1:4-11; 5:1-5; 13:18). Se identificó plenamente con el pueblo. Los judíos sabían que podían aproximarse a su líder. Como resultado, la dinámica de su personalidad los inspiró. No pretendió dominarlos, como otros gobernadores habían hecho, y ellos respondieron con la perseverancia en los trabajos.

Un líder cuya dedicación a la tarea encomendada se ve equilibrada por su preocupación por los obreros, será capaz de ver la totalidad del proyecto, trabajo y trabajadores, con el *discernimiento* debido. Esta perspectiva es vital para que sus decisiones sean justas y equitativas. Solo con un adecuado discernimiento, podrá actuar decisivamente. Desde luego, el discernimiento exige conocimiento de la materia: saber lo que se necesita hacer y desarrollar un plan de acción para conseguir los resultados deseados.

Nehemías fue un hombre de muy agudo discernimiento. Sabía lo que había que hacer (Nehemías 2:5) y aumentó su conocimiento con información de primera mano (2:12-15). No solo trató los conceptos generales, sino que poseyó la capacidad de controlar igualmente los detalles. Entonces, después de su evaluación de hombres y recursos, señaló una meta (2:17). El establecimiento de un objetivo definido, ordenó automáticamente sus prioridades.

Cuando tengamos un compromiso básico con el Señor, seamos leales a nuestros superiores y tratemos a nuestros subordinados como personas y no como cosas, encontraremos que resulta muy fácil motivar a otros. La motivación está encadenada al entusiasmo. Nuestra dedicación a la tarea que hemos aceptado, nos hará entusiastas acerca de lo que estamos haciendo, nos dará la firme sensación de saber hacia dónde vamos. Esto hace fácil la motivación.

Nehemías no tenía dificultades para motivar al pueblo (Nehemías 2:17,18). Lo animaba con la tarea que se necesitaba hacer, lo alentaba con los beneficios que se derivarían de la construcción de los muros y le brindaba pruebas de la presencia de Dios en los trabajos. El resultado era una respuesta entusiasta.

Finalmente, como característica del verdadero líder, tenemos el *tacto*; esa habilidad de tratar con los demás sin ofenderlos: tacto, la destreza de decir y hacer lo correcto en el momento y lugar correspondientes. Lleva consigo una íntima comprensión de la naturaleza humana y una genuina preocupación por los sentimientos ajenos.

En cierta ocasión se me pidió que actuara como consultante para una biblioteca que se habría de construir en una universidad del medio oeste norteamericano. En la entrevista inicial me encontré tan en conformidad con el arquitecto designado para la obra, que consideré que trabajar con él constituiría un verdadero placer. Con el transcurso del tiempo, sin embargo, pude comprobar que en las reuniones del comité, cuando sus puntos de vista estaban en conflicto con los del bibliotecario, él solía decir: «Bueno, hombre, en principio estoy de acuerdo con usted». No me tomó mucho tiempo comprobar que dicho arquitecto no tenía la menor intención de poner en práctica ninguna de las cosas que parecía haber aceptado en principio. Usaba sus formas conciliatorias para hacer creer a los demás que estaba de acuerdo con ellos. Su tacto no estaba fundado en la práctica de la verdad. El resultado final fue la inevitable confrontación... con todos los desagradables acompañamientos que la siguen.

Nehemías poseía la habilidad de actuar con sumo tacto (Nehemías 2:5-8). Su discreción, desde luego, estaba enraizada en su integridad personal y en su innata preocupación por los sentimientos de los demás. Con una firme convicción como base de la filosofía de su vida, era capaz de encontrar el mejor método para entendérselas con cualquier situación. El resultado era una mezcla discreta de gracia y verdad. En sus decisiones no existían ni compromiso ni engaño.

Aquellos de nosotros que aspiremos a mejorar nuestra capacidad para el liderazgo, debemos adoptar a Nehemías como ejemplo. Podemos explorar las fuentes de inspiración de su vida, emular su integridad, aprender de sus convicciones, desarrollar su sentimiento de lealtad, comprender la dinámica básica de su motivación y ejercitar su mismo tacto. A medida que desarrollemos esas características personales, creceremos en estatura como líderes.

Los principios básicos de un liderazgo sólido

Al definir los principios básicos de un liderazgo eficaz, el presidente de una prominente corporación decía: «En la elección de un ejecutivo capacitado, yo primero miro la capacidad intelectual. Creo que esta debe ir por encima de todas las demás. Después miro su estatura de líder. Espero que el candidato parezca líder y disponga de cierta gracia exterior para llamar la atención por su sola presencia y fuerza de personalidad. Entonces busco que esta cualidad se encuentre equilibrada por una humildad correcta. No existe nada peor que una persona con gran poder intelectual y que al mismo tiempo sea arrogante». El difunto presidente Eisenhower expuso el engaño en que se cae cuando no se tiene una idea adecuada de lo que es en sí el liderazgo: «Una cualidad común de los líderes es su disposición a trabajar arduamente, prepararse lo mejor posible y tratar de conocer el campo de sus actividades en todos sus aspectos. He oído decir algunas veces: "Bueno, saldrá adelante, pero solo por su personalidad". Pudiera ser que eso fuera así por cierto tiempo, pero si todo lo que esa persona posee es una personalidad agradable, llegará el día en que la veremos buscando otro trabajo».

Veamos si podemos analizar los principios básicos de un liderazgo eficiente y sólido. Aunque muchas instituciones cristianas eligen sus líderes basados en su apariencia o personalidad, méritos académicos o relaciones personales, existen otros criterios que son dignos de consideración.

Estudiando a Nehemías, lo encontramos *perceptivo y deseoso de aprender.* Recordemos que obtuvo de Hanani toda la información posible (Nehemías 1:2; 2:8). Incluso pudo haber visitado algún proyecto de edificación cuando estaba en Susa. De ser esto así, debió haber observado alguna construcción en progreso.[1] Ciertamente sabía todo lo que necesitaba antes de que el rey le preguntara por sus necesidades (2:8) y aumentó su conocimiento mediante la observación directa en el terreno (2:12-15).

El conocimiento completo de nuestra tarea es un requisito previo básico en todo liderazgo competente. Existe, sin embargo, la necesidad de conocernos a nosotros mismos. Debemos comprometernos a una continúa autoevaluación, mantenernos conscientes tanto de nuestras fuerzas como de nuestras limitaciones y batallar continuamente por nuestro mejoramiento. En el mismo instante en que detenemos nuestro aprendizaje, en ese momento dejamos de crecer. Cuando tal cosa sucede, dejamos de tomar la iniciativa, perdemos confianza en nosotros mismos y nuestros subordinados se dan cuenta inmediata de ello. El resultado inevitable es que, pasado algún tiempo, nuestra administración es calificada como «incompetente». He conocido ejecutivos de grandes negocios, superintendentes de juntas y pastores de iglesias en los cuales esto ha sido verdaderamente trágico.

Mientras que el conocimiento de nosotros mismos resulta indispensable para un liderazgo sano, también es imprescindible un total conocimiento de aquellos con quienes trabajamos. Debemos conocer a nuestros empleados y preocuparnos por el bienestar de ellos. Una función básica de un buen líder es inspirar a las personas que están a sus órdenes a realizar su mejor esfuerzo. El hombre que se concentra solamente en los detalles, los costos o los asuntos técnicos, podrá convertirse en un experto, pero nunca en un líder. Los expertos saben lo que se debe hacer. Los líderes saben también lo que se debe hacer y cómo hacer que los trabajadores lo hagan.

Nehemías mostraba un marcado desvelo por aquellas personas que trabajaban con él (Nehemías 3; 5:1-13). Prestaba atención a todos los detalles (véase 8:10-12) y sabía cómo levantar y sostener la moral de sus obreros.

Muchos «especialistas en tareas» encuentran fácil levantar la moral de sus empleados, pero experimentan dificultad en mantenerla. Tienen poco éxito en desarrollar el espíritu de equipo, la unidad de propósito, la lealtad, el orgullo y el entusiasmo por su iglesia o departamento, y por su trabajo. Como resultado de todo ello, la moral decae. Solo puede conseguirse un alto nivel de moral cuando se sabe qué es lo que «mueve» a nuestros empleados. Cuando sabemos motivarlos, podemos contagiarlos con nuestro propio entusiasmo personal y los alentamos hacia la tarea que se necesita realizar, animándolos finalmente con la satisfacción del deber cumplido.

También es de importancia en el mantenimiento de la moral, la diseminación de información. La gente quiere saber qué es lo que sucede a su alrededor y el papel que juega en los planes de la administración. Igualmente, desea conocer la opinión que esos dirigentes tienen del grupo y si su trabajo es apreciado. Esto es de aplicación también en forma individual. Los administradores y líderes inteligentes deben tener esto siempre presente, asegurarse de que los canales de comunicación se mantengan abiertos, comprobar que los trabajadores sienten aliento y estímulo para rendir su mejor esfuerzo y brindar algunas muestras ostensibles de que la administración aprecia dichos esfuerzos.

Como líder inteligente y sabio que era, Nehemías supo dar alabanzas a quienes las merecían cuando era debido (Nehemías 3:20,27, 30). Hizo conocer sus decisiones a través de sus subordinados (13:9,14,21,22, etc.). Las comunicaciones en su caso se mantuvieron regularmente a través de canales constituidos y reconocidos.

Aunque las iglesias y compañías pequeñas no necesitan de un esquema tan elaborado, las grandes iglesias y corporaciones sí lo requieren. Los empleados bien informados trabajan mejor cuando saben qué está sucediendo alrededor de ellos. Tienen una visión general de la totalidad de la operación y saben cuál es su parte en la misma. Pueden así identificarse con los objetivos de su iglesia, misión o compañía y comprender por qué ciertos asuntos toman prioridad sobre otros. También en esa forma saben cómo ciertas metas pueden ser alcanzadas. Con este tipo de compenetración, el empleando será capaz de establecer perfectamente su identidad personal y ajustar su conducta a la obtención de los fines corporativos. En la iglesia o profesión, al igual que en los deportes, es necesario que la persona subordine sus deseos y ambiciones personales al beneficio de todo el grupo. Los objetivos son alcanzados cuando todos los interesados trabajan de acuerdo. Con el éxito viene también el orgullo de la labor consumada y el mantenimiento del espíritu de equipo.

Nehemías desarrolló un adecuado espíritu de grupo de manera admirable. Logró fundir en una unidad a más de cuarenta grupos diferentes (Nehemías 3). Estos trabajaban unidos en estrecha cooperación, y algunos conjuntos complementaban las fuerzas o debilidades de otros grupos. Nehemías pudo supervisar todas dichas agrupaciones sin dar a los trabajadores la sensación de que los estaban «vigilando». Su bondadosa preocupación por aquel pueblo hacía fácil trabajar para tan buen superior.

Cuando toda la labor estuvo concluida, se regocijaron por los logros obtenidos (Nehemías 12:27-43). Tenían conciencia de haber sido parte integral de lo que se había realizado.

La gente espera de todos los líderes que *fijen metas*. El progreso hacia el logro de esas metas debe ser firme y persistente. En la construcción de las murallas de Jerusalén, Nehemías comenzó con una situación caótica (2:17). A medida que el trabajo fue avanzando, él fue haciendo inventario del progreso realizado (Nehemías 4:6; 6:1). Se mantuvo en estrecho contacto con los diferentes grupos. Evidencia de su persistente capacidad para motivar a aquellos edificadores aparece en el hecho consignado de que «el pueblo tuvo ánimo para trabajar». Cuando todas las puertas fueron colocadas, pudo consignar la exitosa consecución de su primera meta (Nehemías 6:15). Entonces pasó al segundo de sus objetivos; este ya había empezado a tomar forma en su mente. Era la consolidación de la obra.

En síntesis: un líder debe guiar mediante el *ejemplo*. Esto exige consagración, fuerza vital, valor, imparcialidad, paciencia y perseverancia. Una vez más, Nehemías se halla en primer plano brindando su ejemplo (véase 4:23; 5:14-18). Él no ambicionaba posesiones materiales (6:6,7; 7:2) ni estaba ansioso del prestigio y el esplendor de la corte. Su actuación fijó un ejemplo de santidad (8:9,10; 10:1; 12:31 y siguientes; 13:4-29) para que otros lo imitaran.

Habiendo poseído todas esas características, no resulta sorprendente que Nehemías fuera un líder eficiente. ¡Sus «memorias» explican la dinámica de su éxito! Por eso Dios, de manera bondadosa, incluyó estos recuerdos en el canon de las Sagradas Escrituras, a fin de que pudiéramos contar con un ejemplo a seguir.

1 El palacio de Susa fue construido por Darío I y más tarde aumentado y embellecido por reyes subsiguientes. Es muy probable que Nehemías observara este o algún otro edificio en el curso de su construcción o de su modificación. Seguramente tuvo amplias oportunidades de aprender con los maestros constructores de Babilonia algunas de las técnicas que habrían de ayudarle posteriormente en la reconstrucción de los muros de Jerusalén.

DISFRUTE DE OTRAS PUBLICACIONES DE EDITORIAL VIDA

Desde 1946, Editorial Vida es fiel amiga del pueblo hispano a través de la mejor literatura evangélica. Editorial Vida publica libros prácticos y de sólidas doctrinas que enriquecen el caudal de conocimiento de sus lectores.

Nuestras Biblias de Estudio poseen características que ayudan al lector a crecer en el conocimiento de las Sagradas Escrituras y a comprenderlas mejor. Vida Nueva es el más completo y actualizado plan de estudio de Escuela Dominical y el mejor recurso educativo en español. Además, nuestra serie de grabaciones de alabanzas y adoración, Vida Music renueva su espíritu y llena su alma de gratitud a Dios.

En las siguientes páginas se describen otras excelentes publicaciones producidas especialmente para usted. Adquiera productos de Editorial Vida en su librería cristiana más cercana.

Vida

DEDICADOS A LA EXCELENCIA

Una vida con propósito

Rick Warren, reconocido autor de *Una Iglesia con Propósito*, plantea ahora un nuevo reto al creyente que quiere alcanzar una vida victoriosa. La obra enfoca la edificación del individuo como parte integral del proceso formador del cuerpo de Cristo. Cada ser humano tiene algo que le inspira, motiva o impulsa a actuar a través de su existencia. Y eso es lo que usted descubrirá cuando lea las páginas de *Una vida con propósito*.

0-8297-3786-3

Liderazgo Eficaz

Liderazgo eficaz es la herramienta que todo creyente debe estudiar para enriquecer su función dirigente en el cuerpo de Cristo y en cualquier otra área a la que el Señor lo guíe. Nos muestra también la influencia que ejerce cada persona en su entorno y cómo debemos aprovechar nuestros recursos para influir de manera correcta en las vidas que nos rodean.

0-8297-3626-3

Si quieres caminar sobre las aguas, tienes que salir de la barca

Cristo caminó sobre las aguas con éxito, si quieres hacerlo solo hay un requisito: *Si quieres caminar sobre las aguas, tienes que salir de la barca.* Hoy Jesús te extiende una invitación a enfrentar tus temores, descubrir el llamado de Dios para tu vida y experimentar su poder.

0-8297-3536-4

Nos agradaría recibir noticias suyas.

Por favor, envíe sus comentarios sobre este libro

a la dirección que aparece a continuación.

Muchas gracias.

Editorial Vida

7500 NW 25 Street, Suite 239

Miami, Florida 33122

Vidapub.sales@zondervan.com

http://www.editorialvida.com